打倒安倍政権

―9条改憲阻止のために

Igarashi Jin
五十嵐仁 著

はしがき

安倍暴走政権に引導を渡すために、本書を書きました。この本によって、戦後最悪で最低の安倍政権にトドメを刺すことができれば望外の喜びです。その必要性と可能性、条件を探り、多くの皆さんに伝えることが本書の目的です。

これまで私は、2016年に『対決　安倍政権―暴走阻止のために』を書き、17年に『活路は共闘にあり―社会運動の力と「勝利の方程式」』という本を出してきました。いずれも学習の友社からの刊行です。同社から出す本は、これで3冊目になります。

こうして、私は学習の友社から3部作を刊行することになったわけですが、本書をもって最後の作品にしたいものです。もう良いでしょう。本書『打倒　安倍政権―9条改憲阻止のために』をもって、文字通り安倍政権を打倒し「有終の美」を飾りたいものです。

2018年に入って森友学園疑惑が再燃しました。無かったはずの内部文書が提出され、価格交渉が行われ具体的な金額が提示されていたことが明らかになりました。安倍首相が「働き方改革」国会と意気込んで臨んだ通常国会では、裁量労働制をめぐって「ねつ造ではないか」と疑われるようなデータによって答弁され、安倍首相は謝罪する羽目に陥りました。

さらに、森友学園への土地売却に関連して財務省の決裁文書が約300か所も書き換えられていたことが明らかになり、国会は大混乱に陥りました。「安倍一強」体制への飽きもあって潮目が変わり、長期政権も行きづまってきています。

17年10月の総選挙で「勝利」し、9条を中心とした改憲に向けて攻勢に出た安倍首相でしたが、次第に勝手が違う方向へと追い込まれてきました。9月の自民党総裁選挙で3選を果たし秋の臨時国会での改憲発議を狙っていた安倍首相ですが、前途は混とんとしており極めて不透明になりました。

安倍暴走政治と9条改憲をめぐって、最終的な決戦が近づいてきています。何としても、改憲発議を阻止しなければなりません。平和国家としての日本の岐路にさしかかってきています。戦後70年以上にわたって維持してきた平和で安全、自由で民主的な豊かな国を、そのまま子供たちや孫たち、後世の人々に手渡せるかどうかの瀬戸際です。

本書は、2017年10月に実施された総選挙とその前に行われた東京都議選の結果を総括しつつ、これらの選挙から生じた希望と展望の内容を明らかにするとともに、安倍暴走政治の到達点として安倍首相が狙っている9条改憲を阻止するために編まれました。

本書が、5年間の長きにわたって国民を苦しめてきた安倍暴走政治をストップさせ、安倍首相による改憲の野望を打ち砕くだけでなく、市民と野党の共闘を前進させ、新たな国民のための連合政府の実現に向けた草の根での共同の発展のために、少しでも役立つことを願っています。

2018年3月19日　安保法＝戦争法成立から2年半後の日に

〈もくじ〉

序章　安倍政権の5年間

総選挙公示の直前に、野党第一党が突如として姿を消すという驚天動地の事態が生まれました。小池百合子東京都知事による新党の結成と前原誠司代表の「なだれ込み路線」による民進党の解体です。こうして「劇場型選挙」が始まり、安倍暴走政治への批判や野党共闘への模索が陰に隠れ、与党が漁夫の利を得て300議席を超えました。

しかし、このような混乱のるつぼの中から一筋の光明が差し、新たな希望が生まれました。それは「希望の党」の結成ではなく、枝野幸男さんによる「立憲民主党」の立ち上げと野党共闘の刷新でした。市民による「枝野立て」という声に背中を押されての新党の誕生です。合従連衡や議員の生き残りのためでなく、市民に望まれて結成された政党がかつてあったでしょうか。

街頭演説で枝野さんは「草の根からのまっとうな政治」を訴え、逆に「ありがとう」と感謝されたそうです。支持を「お願いします」と言うのではなく、支持者から「お願いします」と言われるような党首がこれまでいたでしょうか。政治をあきらめていた大衆が選挙に参入し民主主義を活性化するという「左派ポピュリズム」が誕生した瞬間でした。

突如として生じた政党政治の危機を救ったのは、安保法＝戦争法反対闘争以来の市民と立憲野党の共闘の蓄積です。立憲民主党の立ち上げを後押ししたのも、その後の急速な支持の拡大や政策合意と野党共闘の進展も、そして15議席から55議席への立憲民主党の躍進も、選挙区レベルで拡大していた市民と立憲野党との共闘の蓄積なしにはあり得ませんでした。

このような共闘の推進力となり、候補者の取り下げなどによって一本化を図ったのは日本共産党です。その共産党が21議席から12議席へと9議席減になったのは残念ですが、共産党のアシストによって立憲民主党が得点を挙げ、立憲野党のチーム全体としては38から69議席へと大きく躍進することができました。

選挙の結果、自民党は改選前と同じ２８４議席で、有権者内での得票率（絶対得票率）も小選挙区で約25％、比例代表で約17％と変わっていません。それにもかかわらず「大勝」できたのは、小選挙区制という選挙制度のカラクリと野党の分裂に助けられたからです。非民主的な小選挙区制の弊害は大きく、その見直しは急務です。

同時に、このような制度の下では、野党がバラバラでは勝てないこと、統一すれば勝てることが、またもや明らかになりました。沖縄、北海道、新潟、岩手、長野、佐賀などでは共闘の威力が実証されています。市民と立憲野党の共闘こそが「勝利の方程式」であることが、参院選１人区や地方選挙に続いて政権選択の衆院選でも立証されたことが、２０１７年の総選挙の最大の教訓ではないでしょうか。

選挙の結果、改憲に賛成する議員は３４９人となって３分の２の３１０議席を超えました。

しかし、その全てが安倍首相の9条改憲を支持しているというわけではありません。自民党の中でも国防軍を明記する改憲草案に賛成する人が14％います。与党である公明党は消極的です。希望の党内でも6割が9条改憲に反対しています。

安倍9条改憲には、自民党がまとまるのか、公明党を含む与党が一致できるのか、改憲志向の野党を巻き込めるのか、安倍9条改憲に反対している野党第一党の立憲民主党の了解が得られるのか、などのハードルがあります。しかも、最終的には国民投票というさらに高いハードルが存在しています。

世論こそが安倍9条改憲を阻む力です。反対の世論を広げ、明示しなければなりません。これが3000万人署名の重要な意義です。そして、ここにこそ安倍9条改憲阻止に向けた希望と展望もあると言うべきでしょう。

振り返ってみれば、安倍政権の5年間は憲法を踏みにじる暴走政治の連続でした。「石流れ木の葉沈む」理不尽な日々だったと言えるでしょう。世論を恐れず知性と常識が通じないだけでなく、反知性と非常識が大手を振って行き交うような時代になってしまいました。

自らの名前を付け鳴り物入りで始めた「アベノミクス」でした。しかし、そのために市場経済は瓦解寸前になっています。物価上昇率「2年で2％」を掲げて異次元の大規模金融緩和という「黒田バズーカ」を発射し、年間60兆円をメドに国債を買い入れてきました。しかし、目標達成は6回も延期され、一度も実現していません。「物価が上がれば賃金が上がる」と言っていたのに、実質賃金は第2次安倍政権誕生以前の年間391万円から377万円と14万円も減っています。

この失敗を隠すために、ＧＰＩＦ（年金積立金管理運用独立行政法人）も動員して年間６兆円規模のＥＴＦ（上場投資信託）購入を続け、「官製相場」によって株高を演出してきました。しかし、米国の利上げやトランプ大統領による鉄鋼・アルミニウムへの関税実施で株価は乱高下しています。

政治家は理念や理想を見失って保身に汲々とし、昨年の総選挙では野党第一党が自壊して生き残りを最優先に信義なき再編が行われました。自民党はスキャンダル続出で、政権党としての責任を忘れ、安倍「一強体制」の下で多くの与党議員は口をつぐんできました。

官僚は国を支えているという矜持を失い、無責任なことなかれ主義の非常識集団に変わってしまいました。２０１４年５月に官邸直轄の内閣人事局が設置され省庁幹部の人事が安倍政権によって握られたからです。

「私がドリルとなって岩盤規制を崩す」という安倍首相の下で、官邸主導で「お友だち」を集めた有識者会議などが政策の大枠を決めて各省庁に丸投げされました。省庁はその「下請け機関」となったばかりか、裁量労働制の導入問題ではつじつまを合わせるためにデータをねつ造した疑いさえ持たれています。

森友・加計学園疑惑では安倍首相だけでなくその妻である昭恵氏の関与が疑われ、首相夫妻の意向を忖度して政治が歪められ私物化されたのではないかとの不信を招きました。これに対して「おかしい」と異議を唱えれば、前川喜平前文科次官のように私生活までリークされパージ（追放）されてしまいます。

さらに、森友学園との国有地取引をめぐり、公文書が改ざんされたのではないかという疑いまで表面化しました。土地の取引に関する近畿財務局の決裁文書から削除されていたのは、「特例的な扱い」や「特例承認の経過」など安倍夫妻の関与をうかがわせる文言です。

この政権は同じようなことをくり返してきました。森友問題では文書の廃棄、加計問題では「総理のご意向」文書を怪文書扱い、南スーダンの自衛隊日報隠し、裁量労働制ではでたらめなデータで、原票はないと言っていたのに地下倉庫にありました。

こんなことばかりです。権力の座にしがみつくための隠ぺいや偽りが横行し、存在しない、廃棄したと言っていた文書が次々に見つかっています。ばれなきゃ良いとでも思っているのでしょうか。

法治国家として許されない事態です。このようなことが許されるのなら、議会制民主主義の根底がくつがえってしまいます。今後、議員は何をもとに、何を信じて国会で論議するのでしょうか。国民の知る権利が侵されるだけでなく、歴史を改ざんすることにもつながります。

安倍政権によってぶっ壊されたのは官僚機構だけではありません。特定秘密保護法の強行成立から始まり、国家安全保障会議の設置、武器輸出を認める「防衛装備移転三原則」の閣議決定、歴代の自民党政権が「憲法違反」としてきた集団的自衛権の一部行使容認、多くの憲法学者や国民の反対を押し切った安保法＝戦争法の強行成立などが相次ぎました。

南スーダンPKO派遣部隊に「駆け付け警護」の任務を付与し、北朝鮮危機を理由に自衛隊による「米艦防護」「米機防護」などが実行されています。委員会での審議を途中で打ち切る「中間報告」という「禁じ手」まで使って「現代の治安維持法」と呼ばれる共謀罪も成立させました。

とにかく、いったん決めたら世論による批判も国会での審議も一切無視し、立憲主義なんかクソ食らえと言わんばかりに暴走してきたのが安倍政権です。その結果、市場経済も官僚機構も立憲主義も議会制民主主義も、戦後の日本が築き上げてきた政治的な土台がすべてくつがえされてしまいました。

この5年間、安倍政権は強権的な手法によって経済と国民生活、民主主義をぶっ壊し、政治と行政を歪めてきました。その結果、日本を「戦争できる国」に変え、貧困と経済格差を広げることになりました。この罪は極めて大きく、「万死」に値します。

きちんとした責任を取ってもらう必要があります。安倍首相に、大きな代償を払ってその罪を償ってもらうということです。そのための最善の策とは何でしょうか。

安倍政権の打倒こそが、その答えにほかなりません。

第一部　２０１７年総選挙の結果と日本政治の課題

安倍首相による突然の解散表明によって、２０１７年10月、総選挙が実施されました。解散直前の小池都知事による希望の党の立ち上げや野党第一党の民進党の分裂などによって、波乱の総選挙となりました。この総選挙の結果をどう見たらよいのか、市民と野党の共闘をどう評価するか、今後の日本政治の課題をどう考えるのか。第一部では、これらの問題について検討することにします。

第1章　総選挙結果の分析と教訓

はじめに

突然の解散・総選挙でした。安倍首相の意向が報じられたのが9月17日で解散が28日、公示は10月10日で投票が22日。まれに見るあわただしい総選挙でした。どうして突然、解散する必要があったのか。その理由は最後まで明確になりませんでした。「大義なき解散」と批判されたのも当然です。

このあわただしさに輪をかけたのが、小池百合子東京都知事による新党「希望の党」の結成表明に始まる野党内での混乱でした。こうして「小池劇場」の幕が開きました。しかし、「排除の論理」によって舞台は暗転し、民進党は分裂、立憲民主党が登場します。「信義なき再編」による混乱が静まる暇もなく、22日の投票日が迎えられたのです。

今回の総選挙は定数が10議席削減される中で実施されました。その結果、小選挙区２８９、比例代表１７６となり、総定数は４６５議席です。

衆院選の結果は、表1のとおりです。自民党は２８４議席、公明党は29議席で、与党は３１３議席と３００議席の大台を確保し、安定過半数の維持に成功しました。野党は大きく明暗が分かれ、第一党の立憲民主党は55議席に躍進しましたが、第二党以下の希望の党は50議席、日本共産党は12議席、日本維新の会は11議席に後退し、社会民主党は2議席を維持しました。このほか、無所属が22議席になっています。

各政党の選挙期間中の勢いの変化を示すために、ここでもう一つ

表1　衆議院議員選挙　党派別議席数（2017年10月24日）

	自民	立憲	希望	公明	共産	維新	社民	こころ	無所属
議　席	284	55	50	29	12	11	2	0	22
増　減	0	＋40	−7	−5	−9	−3	0	0	＋11
小選挙区	218	18	18	8	1	3	1	0	22
比　例	66	37	32	21	11	8	1	0	0
公示前	284	15	57	34	21	14	2	0	38

＊定数10減。公示前勢力は解散後の党派異動を含む（欠員３、民進の不出馬７人は除く）。
＊当選者には無所属からの追加公認を含む（自民３人、立憲１人）。無所属は野党系21。

の表2を示したいと思います。中盤の情勢と選挙結果とを比べたものです。この表を見てわかることは、立憲民主党の勢いのすごさです。この勢いに呑み込まれるような形で、希望（6減）、共産（3減）、自民（2減）、維新（1減）の各党が、予測よりも議席を減らしています。

選挙戦の中盤から後半にかけて、立憲民主党の「ブーム」が生じたということでしょう。強力な「追い風」が吹いて議席が上積みされたことが分かります。

今回の選挙で、政党では新たに結成された立憲民主党だけが議席を増やしました。予測との比較を見ても、その勢いを知ることができます。選挙の勝敗ということで言えば、立憲民主党こそが唯一の勝者でした。ここに、今回の総選挙の最も大きな特徴が示されています。

このような結果をどう見たらよいのでしょうか。そこにはどのような問題点があったのでしょうか。その内容と意味を検討し、問題となる点を明らかにしたいと思います。

表2　選挙結果と中盤の予測との差

	自民	立憲	希望	公明	共産	維新	社民	こころ	無所属
予　測	286	41	56	29	15	12	1	0	24
増　減	−2	+14	−6	0	−3		+1	0	+2

（出所）「朝日新聞」予測（2017年10月14日付）と選挙結果

1 自民党は現状を維持した

自民党は負けなかったが勝ったわけではない

選挙後の新聞各紙の見出しには、「自民圧勝」「自民大勝」の文字が躍りました。自民党は単独で過半数を制し、与党でも3分の2の多数を維持しています。政権基盤の安定という当初の目標を達成したのですから、負けたわけではありません。しかし、選挙後の安倍首相の表情には、勝利感や高揚感が意外なほど感じられません。それは、自民党が支持を増やして「勝った」わけではないからです。

自民党の有権者に対する得票割合（絶対得票率）も小選挙区で25・2％（前回24・5％）、比例代表で17・3％（同17・0％）でした。こちらも大きな変化はなく、微増にとどまっています。

図1　衆参両院の勢力分野

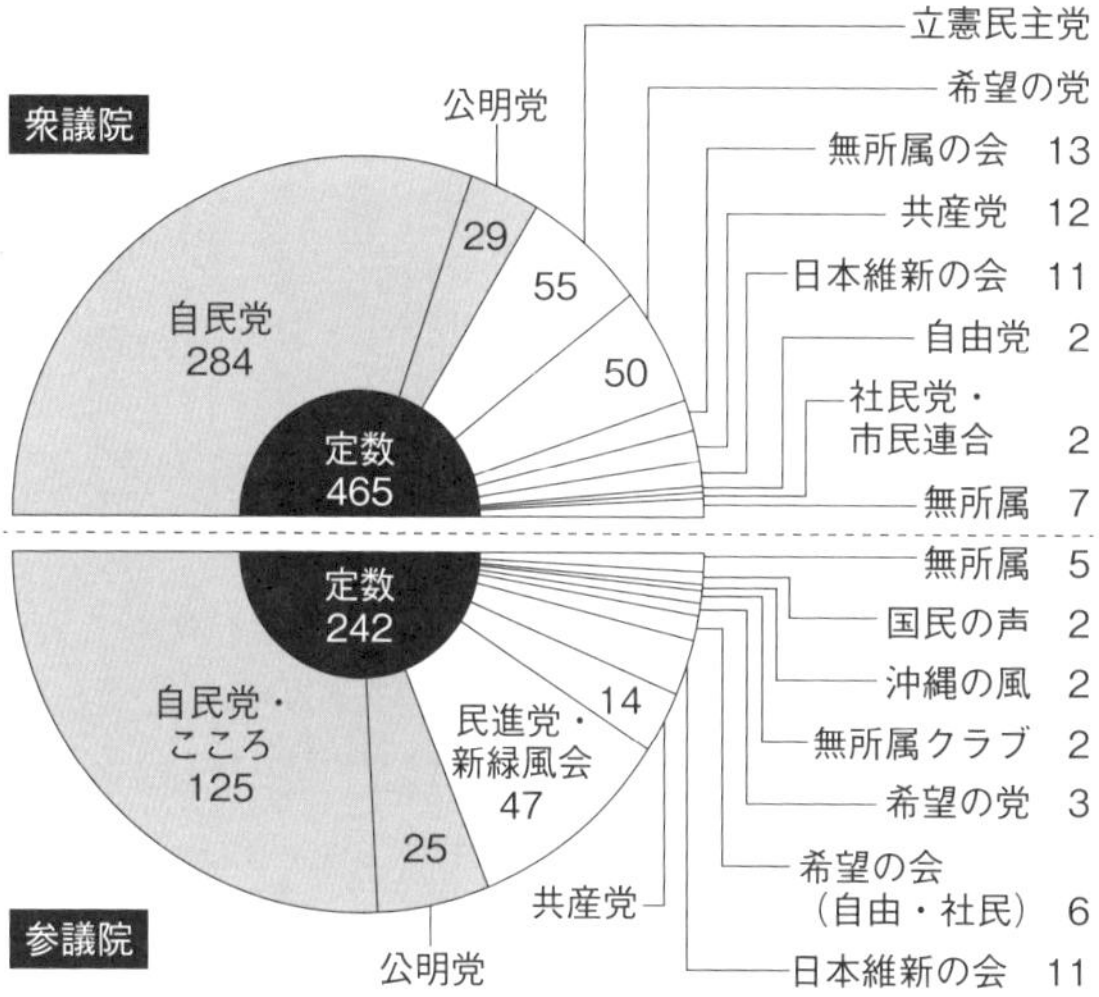

与党全体の議席は改選前の318議席から5議席減の313議席となり衆院の3分の2（310議席）を維持しました。総議席に占める割合は66・9%から67・3%へと0・4ポイント増えています。多少議席が減ることも覚悟して解散に打って出た安倍首相からすれば、望外の成功だったと言えるでしょう。

獲得議席数と絶対得票率にほとんど変化はなかった

図2は、衆院選での自民党の獲得議席数と絶対得票率を示しています。これを見ればすぐに分かるように、自民党の獲得議席は2005年の小泉郵政選挙での296議席がピークでした。その後、政権を失った09年総選挙で119議席と惨敗します。12年総選挙で政権に復帰しましたが、獲得議席は293議席で05年総選挙に及んでいません。

図2　衆院選自民の獲得議席と絶対得票率

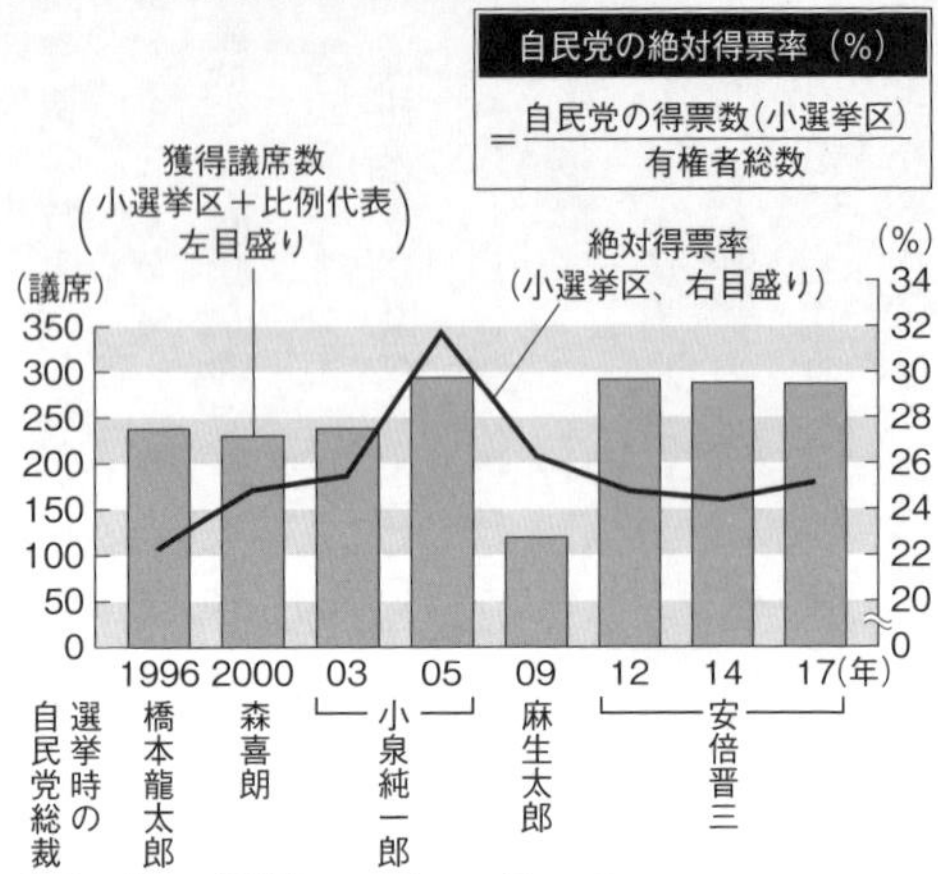

出所：『毎日新聞』2017年10月24日。

その後も、14年総選挙では291議席で2議席減、今回の17年総選挙では284議席と7議席減になっています。過去3回の総選挙で、自民党の獲得議席は増えていません。今回は定数が10議席削減されましたので議席の割合は改選前より増えましたが、微増にすぎません。

なお、今回の自民党の獲得議席のうち、比例代表・東海ブロックでの１議席は立憲民主党の候補者が足りなかったために当選したもので、本来であれば自民党の獲得議席は２８３でした。

小選挙区での自民党の得票数を有権者総数で割った絶対得票率の変動でも、ピークは05年になっています。政権を失った09年総選挙で大きく減らしていますが、政権に復帰した12年総選挙でもさらに減っている点が注目されます。自民党は議席を回復しましたが、有権者内での支持の割合は減っていたのです。この割合は12年総選挙で横ばい、今回の17年総選挙で多少上向いていますが、大きな変化ではありません。過去３回の総選挙での絶対得票率はほぼ25％で、有権者の４人に１人しか自民党に投票していません。

それなのに「圧勝」「大勝」などと報じられるような成績が残せたのは、大政党に圧倒的に有利な小選挙区制のためです。この選挙制度のカラクリと恩恵は、対抗する野党が分裂しているときに増大し、統一しているときには減少します。与野党の対決構図が１対１になれば、小選挙区制の害悪を減らすことができます。だからこそ、このような対決構図をつくろうとして市民と野党は共闘をめざしたのです。

しかし、このような共闘体制は十分に構築できませんでした。今回の総選挙でまたもや自民党が負けなかった根本的な要因はこの点にあります。

安倍首相がまいた「疑似餌」に一定の有権者が食いついた

自民党は小選挙区で勝っただけでなく、比例代表でも１８５６万票を獲得し、90万票も増やすなどそれなりに「健闘」しました。それは何故でしょうか。

その要因として考えられるのは、第1に客観的な背景としての北朝鮮危機と経済状態です。北朝鮮の金正恩政権による核開発とミサイル発射実験に国民は不安を高めていたうえに安倍首相はそれを煽りたてました。また、景気の状況も「いざなぎ超え」がささやかれるような一定の回復状態にあり、株価も「官製相場」による高進を続けていました。国民の生活面での実感は乏しいものだったとはいえ、安倍首相が数字を挙げて「景気回復」を強弁できる程度の経済状態だったことは事実です。

第2に、このような客観的背景を利用して、安倍首相は「疑似餌」をまきました。一定の有権者がこれに食いついて釣り上げられたのです。解散の「大義」として北朝鮮危機への対応や消費増税による増収分の使途変更を打ち出し、若者の教育

表3　衆議院議員総選挙、与野党の得票数（2017年）

		小選挙区		比例代表	
		2017年	前回（2014.12）	2017年	前回（2014.12）
与党	自由民主党	26,500,722	25,461,449	18,555,717	17,658,916
	公明党	832,453	765,390	6,977,712	7,314,236
	日本のこころ	−	−	85,552	−
	無所属＊1	391,737	−	−	−
与党合計		27,724,912	26,226,839	25,618,981	24,973,152
野党	立憲民主党	4,726,326	−	11,084,890	−
	希望の党	11,437,601	−	9,677,524	−
	民主党	−	11,916,849	−	9,775,991
	生活の党	−	514,575	−	1,028,721
	日本共産党	4,998,932	7,040,170	4,404,081	6,062,962
	日本維新の会	1,765,053	−	3,387,097	−
	維新の党	−	4,319,646	−	8,382,699
	社会民主党	634,719	419,347	941,324	1,314,441
	次世代の党	−	947,396	−	1,414,919
	幸福実現党	159,170	−	292,084	260,111
	諸派＊2	52,081	43,726	351,571	121,451
	無所属＊3	3,923,290	1,511,242	−	−
野党＋無所属合計		27,697,172	26,712,951	30,138,571	28,361,295
総合計		55,422,084	52,939,790	55,757,552	53,334,447

＊1＝自民公認申請候補6人　＊2＝上記以外の小政党を総称　＊3与党に近い無所属を含む
（注）按分票は四捨五入。
出所：各紙報道をもとに『学習の友』編集部作成。

と子育て支援に力を入れ、高齢者重視から全世代型に社会保障のあり方を変えると約束しました。これがある程度、青年層や若いママの期待を集めたのです。

第3に、「小池劇場」によって混乱に陥った野党の状況は、小選挙区だけでなく比例代表の得票にも微妙な影響を与えました。北朝鮮危機に不安を高めた国民は「信義なき再編」に嫌気がさし、離合集散を繰り返す野党よりも安定した政権の方がましだという意識を強めたのではないでしょうか。そこに安倍首相は付け込み、北朝鮮の脅威を煽って政権安定のメリットを強調しました。

図3　最近の景気循環

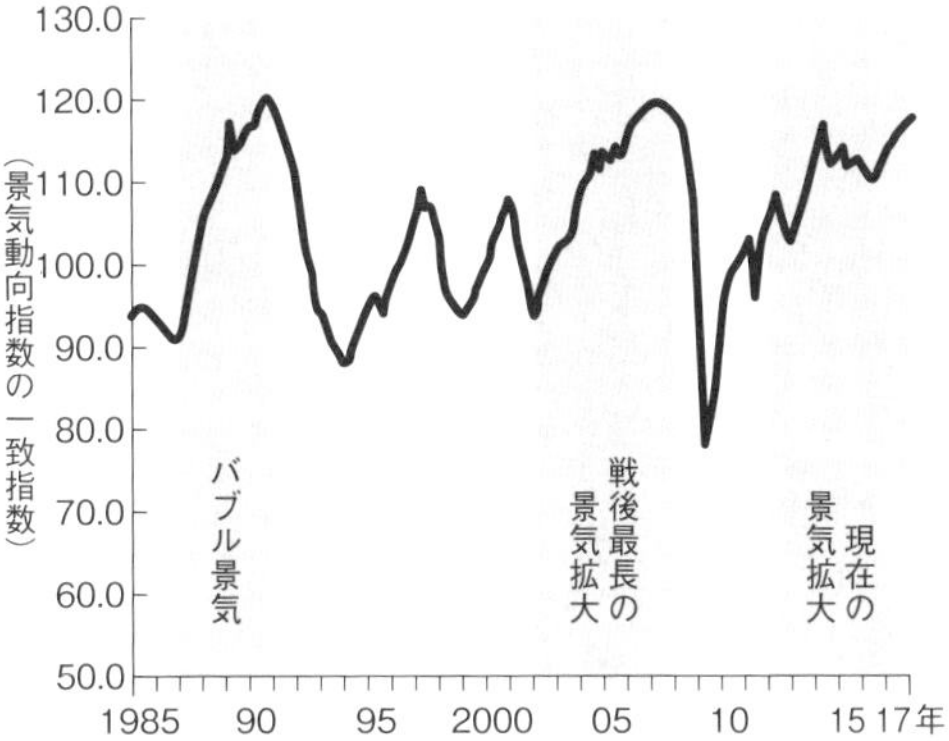

※縦軸の指数は生産、雇用など景気に敏感に反応する算出指標から算出し、内閣府が毎月発表している
出所：『毎日新聞』2017年11月5日付夕刊。

他方で、選挙直前に大きな問題となっていた森友・加計学園疑惑には口をつぐんで「丁寧な説明」を回避し、「政治の私物化」という批判を無視しました。9条改憲についても、選挙公約の重要項目に掲げたものの街頭演説で触れることはほとんどありませんでした。重要な争点を隠しての選挙戦術に徹したのです。このような「争点隠し選挙」も、自民党の「勝因」の一つだったと思われます。

総選挙が始まるころ、安倍内閣の支持率よりも不支持率の方が高いことや安倍首相の続投を望まないという意見が51％を超えていたことなどが注目されました

（『朝日新聞』10月19日付）。内閣支持率よりも不支持率が高い状況の下での衆院選はめったになかったからです。

しかし、自民党に対する政党支持率にはそれほど大きな変化はありませんでした。つまり、安倍首相に対する不信感や嫌悪感による「反安倍」は強くても、自民党に対する批判や拒否による「反自民」はそれほどでもなかったということになります。

選挙後の『東京新聞』10月23日付の特報欄に、自民党に投票した人の以下のような声が紹介されていました。これを見ても北朝鮮危機への不安感と景気回復への期待感が自民党支持の背景にあったことが分かります。

「いつ北朝鮮のミサイルが飛んでくるか分からない。自民がベストとは思わないが、防衛や外交を考えるとベターだ」（広島県庄原市の男性（69））

「北朝鮮が怖い。今は安定した政治をしてほしいので、今回は自民」（浅草の女性（84））

図4　内閣支持率と自民獲得議席の推移

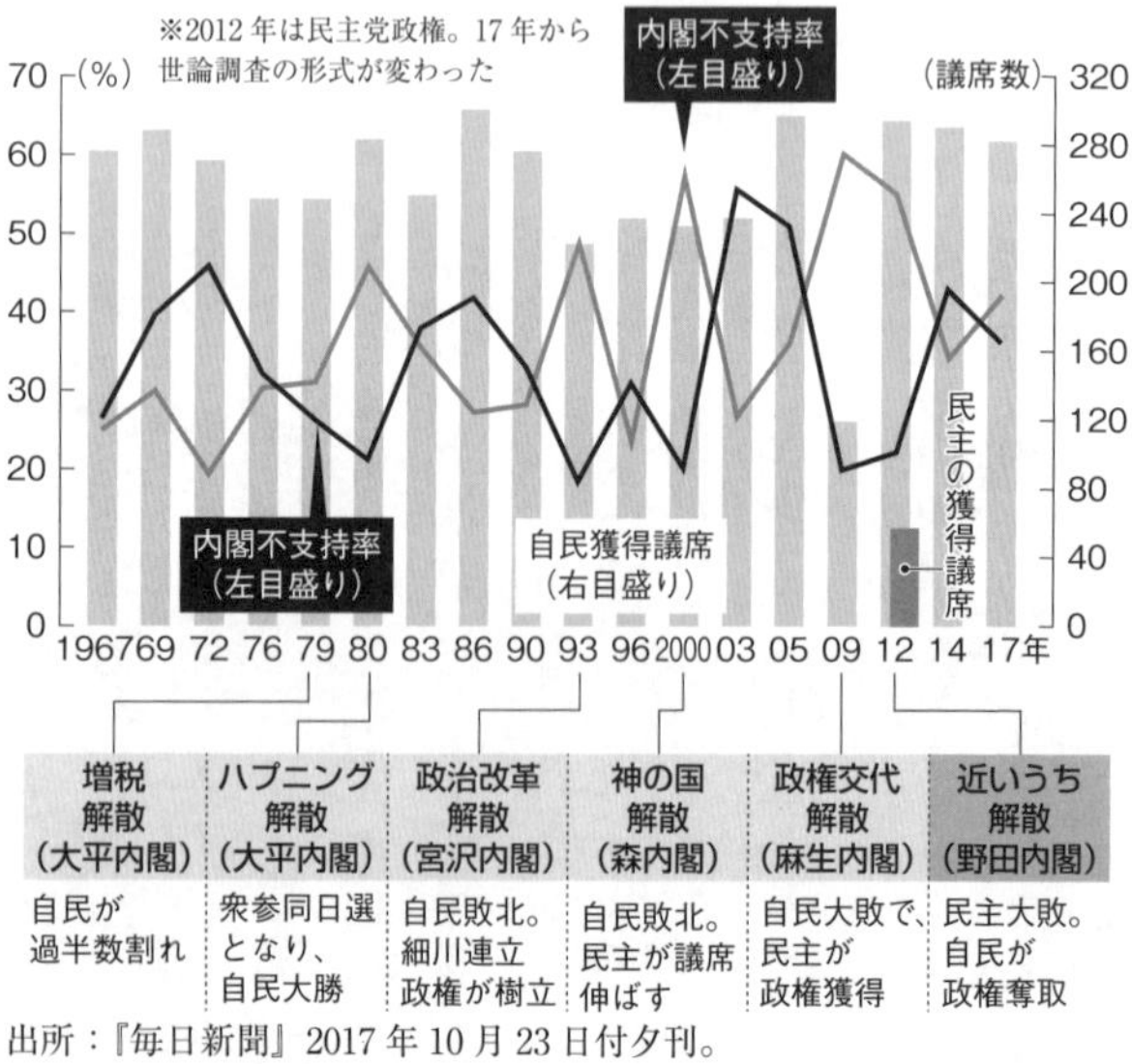

出所：『毎日新聞』2017年10月23日付夕刊。

「株価が何日も連続で上がっているでしょ。やっぱり経済が良くならないと。経済政策を重視し、選挙区も比例区も自民にしました」（松戸市の女性会社員（46））

2 「大義」なき解散は何を狙っていたのか

解散の「大義」は安倍首相が取ってつけたもの

総選挙の結果、与党はほぼ現状維持にとどまりました。与野党関係に変化はなかったということになります。しかも、衆院議員の任期は来年12月まで1年以上も残っていました。今すぐに解散しなければならない理由はありません。だからこそ「不意打ち」だとか、「大義なき解散」だと言われて大きな批判を招いたのです。

解散に当たり安倍首相が「国難突破解散」だとして打ち出した「大義」と争点は、朝鮮半島危機への対処、消費税再増税による税収増部分を子育てと教育などに使うとする使途の変更などです。しかし、これも「今さらどうして？」と言いたくなるような理由ばかりです。

朝鮮半島危機は今に始まったことではなく、衆院の勢力関係が新しくなっても解決するわけではありません。消費税が再増税されるのは２０１９年10月１日からの予定で、まだ2年も先の話です。それをなぜこの時点で、衆院を解散して国民に問わなければならなかったのでしょうか。

これらが「国難」であるというのであれば、国会を解散して政治空白を生み出すよりも、憲法53条に基づいて野党が要求していた臨時国会を開いてきちんと議論すれば良いことではありませんか。いずれの理由も、取ってつけたような「大義」にすぎません。

森友・加計学園疑惑から逃亡するための解散

しかし、安倍首相からすれば、解散に向けて「今がチャンスだ」と考えた理由がありました。本当の理由は別にあります。

その第1は、森友・加計学園疑惑から逃れるためです。国会をめぐる一連の経過は、内閣支持率を低下させ安倍首相個人の頭を悩ませてきたこの問題についての追及から逃れるために、いかに野党の質問を恐れていたかということを如実に示しています。

通常国会は会期終了前に閉じられ、憲法に基づく国会開催要求は無視され、秋の臨時国会の冒頭に質疑なしでの不意打ち解散が強行されました。選挙後も、特別国会の会期をわずか8日間とし、その後も臨時国会を開催せず、野党の質問時間を減らしました。

結局、特別国会の会期は39日間とされましたが、安倍首相の外交日程が立て込んでいるため、実施的な審議は15日間ほどにすぎません。「そんなに、質問されるのが怖いのか」と言いたくなります。質問が怖いというより、一連の質疑を通じて内閣支持率の急落が再現されることを恐れていたということでしょう。8月の内閣・党役員人事の改造で一時的に盛り返した支持率は、9月に入ってから再び下がる兆しを示していましたから。

解散・総選挙によってこれをリセットし、来年秋の自民党総裁３選に向けての基盤固めを図りたいと考えたのかもしれません。もちろん、北朝鮮による核開発やミサイル発射などの軍事挑発を利用して国民の不安感を高めれば、与党が勝てるかもしれないという計算もあったにちがいありません。

9条改憲に向けての基盤づくりをするためだった

「大義」なき解散に踏み切ったもう一つの理由は、5月3日に安倍首相が表明した9条改憲に向けての政治的な基盤づくりを行うことだったと思われます。この時、安倍首相は２０２０年までには国民投票を終えて新しい憲法を施行したいと言っていたからです。

その後の内閣支持率の低下や都議選での惨敗もあって、安倍首相は「スケジュールありきではない」と、一歩後退したかのような姿勢を示しました。しかし、２０１７年中には改憲草案を自民党内で合意し、18年の通常国会か秋の臨時国会で改憲案を衆参両院で発議して２０１９年7月の参院選までには国民投票にかけたい、それまでずれ込むようなら参院選と国民投票の同日選に打って出るという野望が胸に秘められていたようです。

今のうちに衆院選挙をやっておけば、19年の7月まで国政選挙はなくなります。その間は腰を落ち着けて改憲論議に取り組めると考えたのでしょう。２０１８年の総裁選で選ばれれば、衆院議員の任期と安倍首相の3期目の任期の終了時期は２０２１年で重なります。それまでには何としても9条改憲の野望を達成したいと、秘かな「闘志」をもやしていたのかもしれません。

3 公明党の敗北と連合の「また裂き」

「全勝神話」が崩れ実質的に「敗北」した公明党

現状維持に成功した自民党と比べて、公明党の状況は厳しいものでした。公明党は改選前の34議席から5議席減となって29議席にとどまったからです。総選挙が公示される直前の10月3日、樋口尚也前衆院議員が女性問題で離党して公認を辞退していますから、実際には6議席減になります。

小選挙区では神奈川6区に立候補した当選7回の前職が敗れて議席を失いました。政権交代を実現した2012年総選挙以来の小選挙区での全勝がストップするという思いもかけない結果でした。「全勝神話」の崩壊です。公明党にとって、この結果は大きな痛手だったでしょう。

図3は公明党の比例票と議席数の推移を示しています。これを見れば、今回の結果がいかに大きな「敗北」であったかが分かります。比例代表では前回731万票だった得票数が今回は697万票となり、700万票を下回りました。これは自民党と選挙協力を始めた2000年衆院選以降、初めてのことで、13回にわたる衆院選と参院選での最低です。

獲得議席数でも、民主党ブームによって与党の座を失った09年総選挙の21議席に次ぐ少なさになっています。この2回以外、30議席を下回ったことは一度もありませんでした。これは公明党にとって大きなショックだったにちがいありません。

この結果は、特定秘密保護法や安保法、カジノ法、共謀罪法などの成立に手を貸してきたことが、支持団体である創価学会信者の一部から批判を招いたためだと見られています。国会前や日比谷野外音楽堂での集会に学会の三色旗を持った人たちが登場し、公明党の元副委員長であった二見伸明さんが他党の応援に駆け付けて注目されました。

総選挙総括の原案も、安倍首相を強く支持する姿勢や憲法論議での対応が支持者の不信感や混乱を招いたと指摘しており、党内や創価学会には「平和の党」を掲げる公明党が安倍首相サイドに押し込まれてきたという不満があるようです。衆院選で立憲民主党が注目され、「中道やリベラルな政策に期待した無党派層が流れた」（創価学会関係者）という見方も出ており、公明党関係者は「自民に引きずられ続けると、いずれ党内や支持者の不満が爆発しかねない」と指摘しています（『毎日新聞』２０１７年11月11日付）。

図5　公明の比例表と議席数の推移

※衆院選は各比例ブロックの得票を合算。参院選は全国比例の得票

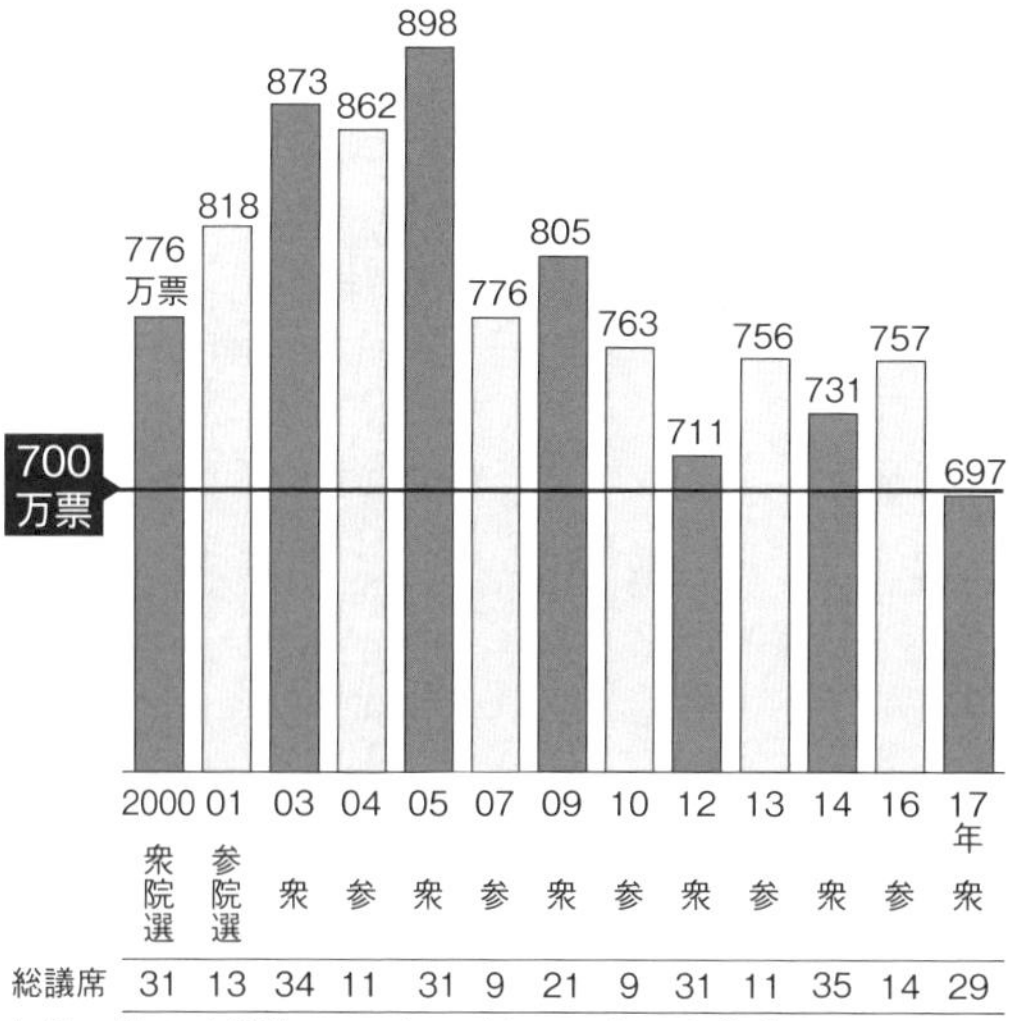

出所：『毎日新聞』2017 年 11 月 11 日付より作成。

ただし、自民党との距離の取り方は簡単ではありません。小選挙区で自民党を応援する見返りに、比例は公明党に投票してもらうように求めているからです。今回の結果についても、都議選で小池都知事の都民ファーストの会と選挙協力したために自民党側にわだかまりが残り、衆院選に尾を引いたという見方もあります。

安倍首相は自衛隊の存在を明記する改憲を提案しており、公明党は慎重な構えを崩していません。今回の選挙結果は、安倍9条改憲に対する公明党の対応についても微妙な影響を与えます。態勢の立て直しを目指す公明党の指導部にとっては、これが大きな試金石になるにちがいありません。

民進党の分裂で「また割き状態」に陥った連合

今回の総選挙に当たって、労働組合はどのように対応したのでしょうか。全労連は市民と野党の共闘実現のために力を尽くし、野党統一候補の勝利に向けて要求実現の立場での活動に参加しました。傘下の単産や単組も、組合員の政党支持の自由を保障しながら、市民と立憲野党の共闘を後押しする活動に取り組みました。

これに対して連合は、神津会長が希望の党への民進党の合流を話し合った9月26日深夜の密談に同席し、「信義なき再編」の旗振り役の一人になっています。しかし、小池都知事の「排除の論理」によって全員の合流は不可能になり、民進党は希望の党・立憲民主党・無所属に分裂しました。

図6　民進党分裂で連合の組織内候補も3分裂した

※敬称略。逢坂氏は立憲に入党し、無所属で出馬

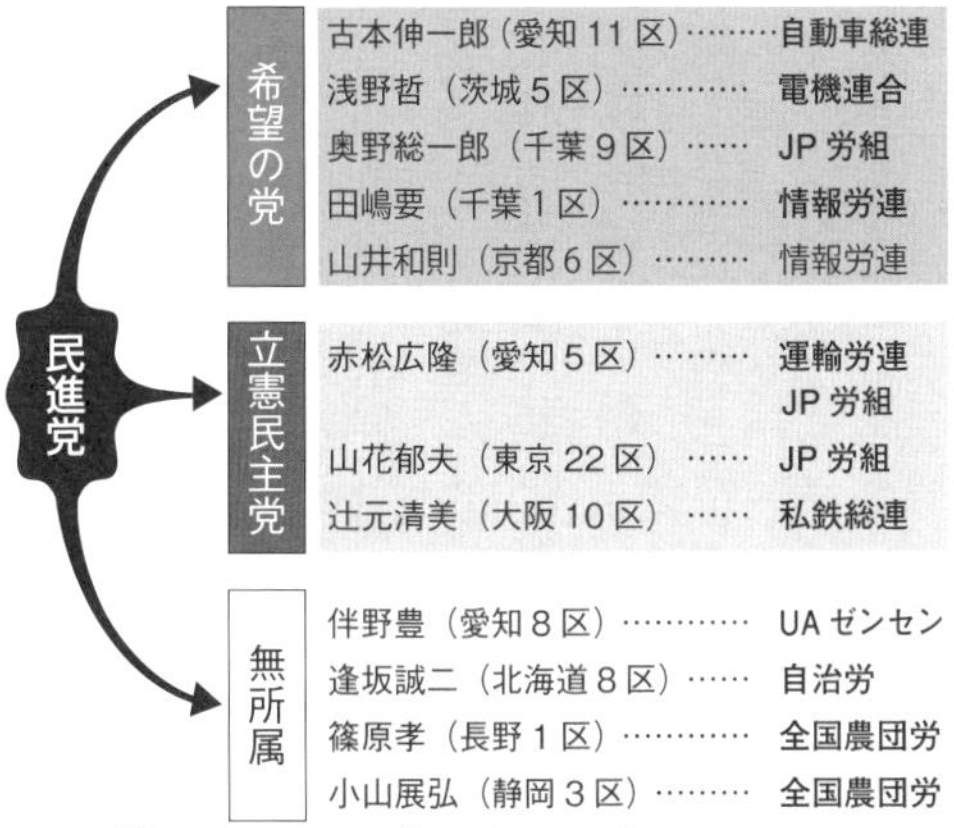

出所：『毎日新聞』2017年10月19日付。

これに伴って、連合の選挙支援も「また裂き状態」に陥りました。連合全体として特定の政党を支援するのではなく、傘下の産業別組合（産別）がそれぞれ個別に民進党系の候補者を支援するという方針を取らざるを得なくなったのです。

民進党分裂で連合の組織内候補も3分裂しました。連合傘下の産別による各候補の支援の状況は、図4の通りになっています。希望の党に対しては、自動車総連・電機連合・JP労組・情報労連、立憲民主党については運輸労連・JP労組・私鉄総連、無所属の候補者に対しては、UAゼンセン・自治労・全国農団労が、それぞれ支援する形になりました。

連合労組の場合、労働組合として特定の政党や候補者の支持を機関で決定し、組合員に支持を押し付けるという方法が一般的です。今回のように、その支持の対象が分裂したり、動向が不明であったりした場合、組合や組合員の側も振り回されることになります。特定政党支持押し付けの問題点が、より大きな形で浮き彫りになったと言えます。

さらに問題なのは、東京12区で公明党の太田昭宏候補を連合東京が推薦したことです。労働組合であ

りながら与党候補まで支持するなど、許されることではありません。

これに対して、労働組合としての自主性を尊重しつつ、共同行動の実現に向けて努力した例もあります。全国一般東京東部労組の地元である東京・葛飾地域の労働組合4団体が10月4日、「今回の総選挙にあたって、私たち4団体は、この間の運動の積み重ねを踏まえて、憲法改悪反対、『戦争法』廃止、『共謀罪』法廃止の世論を盛り上げるために、力を尽くします」という共同アピールを発表しました。

この4団体は、東部労組が加盟している葛飾区労協のほか、葛飾区労連・葛飾区職労・東京土建葛飾支部で、それぞれ連合、全労連、全労協と異なるナショナルセンター（労働組合の中央組織）などに所属しています。この4団体は、2016年5月に「労働組合の上部組織の違いを超えて、『戦争法の廃止を求める』共同アピールを発表し、その後、共同での駅頭宣伝・署名行動、学習会の開催などを行ってき」たといいます。

これは野党共闘を草の根から作り上げていく貴重な例です。今後も、組合員の政党支持の自由を尊重しながら、労働組合として可能な形での共同を進めていくことが求められています。

4 改めて証明された小選挙区制の害悪

野党は「オウンゴール」によって「自滅」した

「衆院選の結果には驚きませんでした。自民党が勝ちましたが、それは他の政党のオウンゴールが原因。野党同士がまるで共食いをしているようでした。」

日本外国特派員協会（FCCJ）会長でシリア出身のカルドン・アズハリ氏は、こう言っています。多くの日本人の報道関係者の感想も似たようなものでしょう。政府寄りの『産経新聞』の石橋文登編集局次長兼政治部長も、次のように指摘しています。

「事前調査では、民進、共産両党が共闘すれば自民党は50議席超を失う公算が大きかった。そうなれば憲法改正は水泡に帰す。それどころか総裁3選に黄信号が灯（とも）り、政権運営もおぼつかなくなる。……ところが、9月25日の首相の解散表明に合わせて、小池百合子東京都知事が『希望の党』を旗揚げした。28日には民進党が希望への合流を決めた。……小池氏が『排除の論理』を唱えたことにより、民進党は希望の党、立憲民主党、無所属の3つに分裂。期せずして自民党が『無敵』となる枠組みが生まれたのだ。しかも小池氏は出馬を見送り、希望の勢いは急速に衰えた。……振り返ってみれば敵失による勝利といえなくもないが、政権与党が圧倒的な勢力を得た意義は大きい。」（『産経新聞』2017年10月23日付）

このように小選挙区における自民党の「勝因」は明らかです。それは小池都知事による希望の党の結成と「排除の論理」をきっかけにした野党の分断にありました。このような「敵失」によって、小選挙区制が持っているカラクリと恩恵が増幅させられたからです。

またもや明らかになった小選挙区制の問題点

このように、今回の総選挙では改めて小選挙区制の問題点が浮上しました。そのカラクリと恩恵によって自民党が「勝利」したことは、すでに書いた通りです。これに関連して、さし当り2点指摘しておきたいと思います。

その一つは、得票数と議席数の大きなかい離です。今回の選挙での自民党の得票率は小選挙区で47・82%、比例代表では33・28%でした。しかし、議席占有率は小選挙区で74・4%へと跳ね上がり、30ポイント近くの増です。比例代表の場合には37・5%で、4ポイントほどしか増えていません。

小選挙区の場合、4割台の得票率で7割台の議席を獲得しています。この結果、莫大な「死

図7　民意を歪める小選挙区制
―自民党は4割台の得票で7～8割の議席

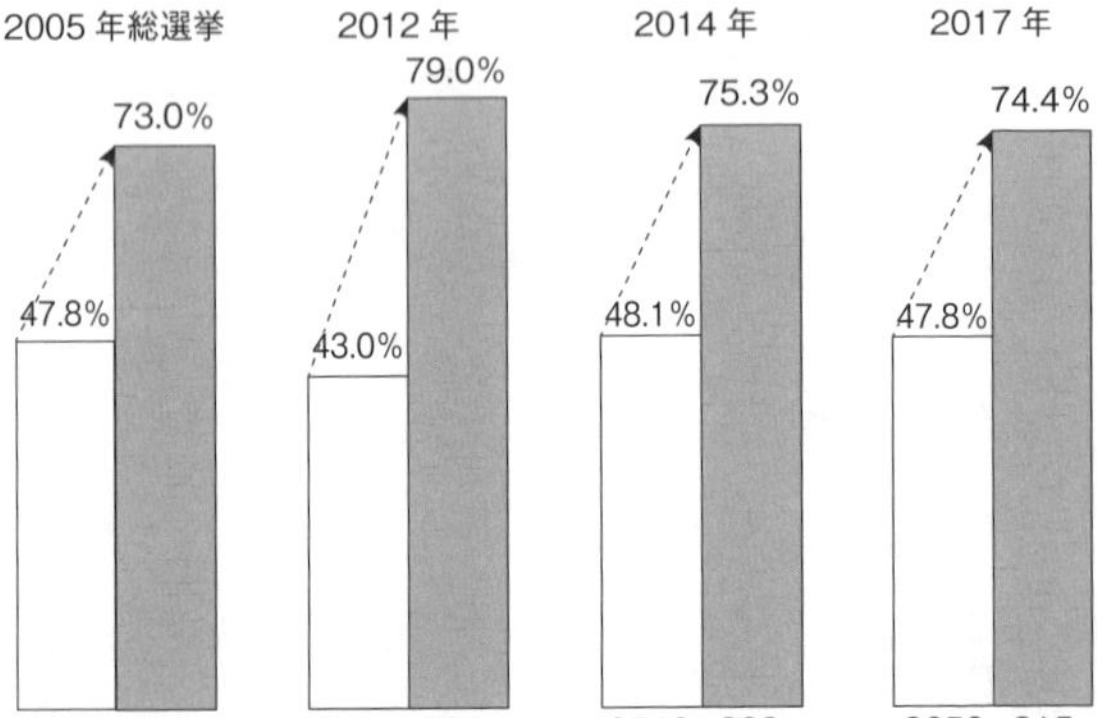

出所：衆議院選挙結果、小選挙区における自民党の得票と獲得議席。

票」が生まれ、大政党の議席が膨れ上がり、有権者の投票行動が歪められ議席に反映されなくなります。このような歪みが選挙への信頼を失わせ、投票率の低下を招いているのではないでしょうか。

もう一つの問題は、今回新たに明らかになった選挙区割りの混乱です。一票の価値の平等を実現するために選挙区割りの変更がなされ、行政区画や生活圏とは無関係に線引きが行われたために大きな混乱を招きました。しかも、今回は突然の解散でもあったために、この混乱に拍車がかかったように見えます。

このような投票価値の平等を実現するための区割りの変更は、今後も繰り返されるにちがいありません。選挙区の人口は固定されず、その流動化と人口構成の変化は避けられないからです。一票の価値の平等を保障する点でも、小選挙区制は極めて不合理で不適格な制度なのです。

小選挙区制の問題点をどうやって克服するのか

このような問題を解決するためにも、制度を変えなければなりません。得票率に獲得議席が連動する比例代表制に変えれば、このような問題は解決します。さし当り、全国11ブロックの比例代表はそのままに、小選挙区を廃止してその定数をそれぞれのブロックの比例代表定数に加算すればよいのです。

もし、現行の制度が変わらないとすれば、得票数と議席数の大きなかい離によって自民党が常に優位に立つ状況の方を変えなければなりません。そのために、唯一有効な方法は野党間の選挙協力です。小選挙区で与党と野党が1対1で対峙するような状況をつくることができれば、圧倒的に与党が有利になる現行制度の欠陥を一定程度是正することが可能になります。

しかし、その場合でも選挙区割りの見直しと、それに伴う混乱は解決できません。今後、人口減少が進み、さらに人口分布は変化するにちがいありません。その影響を最小限にとどめるための選挙制度の変更、すなわち小選挙区制の廃止はいずれ避けて通れなくなるでしょう。

小選挙区制については、すでに導入から23年、実施されてから21年も経ちました。この制度による衆院選は、第41回から第48回まで、8回実施されています。すでに指摘した膨大な死票の発生と選挙区割りの混乱のほかにも多くの問題点が明らかになっています。

政策本位の選挙になる、金権政治が一掃される、政権交代が促進されるなど、当初期待された効果はほとんどなく、大政党が有利になった、執行部の権限が強化された、自民党内の多元性が失われた、政治的な競争が弱まったなど、当初危惧されていた問題点がすべて裏付けられました。

元自民党政調会長の亀井静香氏は「1人しか当選できない小選挙区制は本部から公認が得られれば当選できる。地元の声を吸い上げるよりも本部の公認を取ることに全力を注ぐようになった。党本部も公認権を持つことで権力が集中した。やってはいけないことをやってしまった」(「庶民の生活に根付いた政治こそ保守」『エコノミスト』２０１7年12月12日号)と語っています。まさに「やってはいけないことをやってしまった」のであり、その是正は急務です。

図8　日本の主な政党の変遷（1990年代以降）

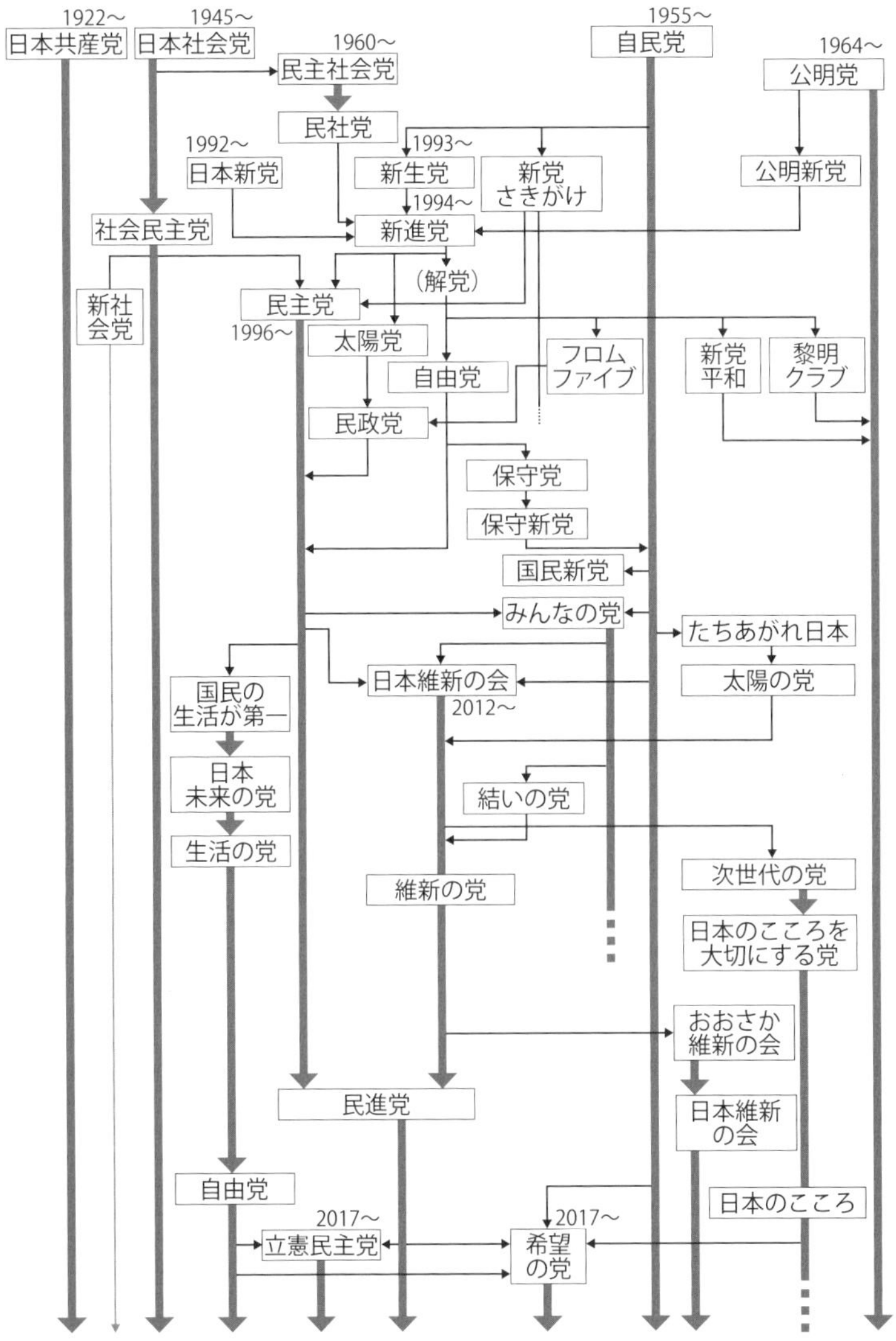

第2章　市民と立憲野党の共闘の刷新と深化

はじめに

２０１７年9月、総選挙の公示を前に驚くべき事態が発生しました。野党第一党が姿を消してしまったのです。民進党が解党し、4つに分裂してしまいました。

総選挙後、民進党に属していたメンバーは、希望の党、立憲民主党、無所属の会、民進党に分かれました。前の三つは今回の総選挙で当選した衆院議員によって立ち上げられたもので、最後の一つは残った参院議員と地方議員が属しました。

このような結果になるまでには、目もくらむような複雑な経緯がありました。まさに「劇場型選挙」の最たるものだったと言えるでしょう。しかし、スポットライトを浴びて舞台の上で演じられた「劇」の陰でもう一つの「ドラマ」も進行していたのです。

そこに登場していたのは「市民と立憲野党」です。華々しい離合集散とは一味違った連携と共闘をめぐる営みこそが、新しい日本政治の局面を切り開いたように思われます。

安保法反対運動の中から自然に沸き上がった「野党は共闘」という声に押されて市民と立憲

野党との共闘が始まりました。民進党の解党はこのような共闘を破壊するもので、かつてない大きな逆流であり混乱でした。その中から、またもや市民の声が沸き上がったのです。「枝野立て」という声が。

こうして枝野幸男氏によって立憲民主党が結成され、直ちに共産党が呼応して自己犠牲的に対応したために野党共闘の危機が回避されました。急ごしらえでの再建ですから成果は限られたものでしたが、将来に向けての大きな可能性を生み出しています。

ここに今回の総選挙が持っている重要な意義と教訓があったのではないでしょうか。市民と立憲野党との共闘は逆流の中で試練に耐え、またもや私たちに教えてくれたのです。市民と野党はバラバラでは勝てない。勝つためには手を握るべきだということを。活路は共闘にあり。そして、共闘にしかないということを。

1 野党共闘の分断によって生じた危機

野党側の足並みが乱れ選挙共闘が分断された

安保法制に反対するたたかいの中から野党5党による連携に向けての流れが生じ、2016年から17年にかけて、参院選1人区や新潟県知事選などで市民と野党との共闘は実績を積み一定の成果を上げていました。衆院選に向けても選挙区ごとの市民連合や共闘組織が結成され、準備が進められてきました。そこに前原氏が登場し、衆院選は政権を争う選挙だから共産党との協力は見直したいとブレーキをかける姿勢を示したのです。

２０１７年7月の都議選で波に乗る小池氏も新党結成に動き出していましたが、その準備は遅れ気味でした。選挙区で市民と野党との共闘が進み、統一候補が擁立されることを恐れていた安倍首相は、このような状況をじっと見つめていたにちがいありません。

こうして、安倍首相は「今がチャンスだ」と判断し、不意打ちを仕掛けました。都議選後の民進党内の混乱と前原代表登場による立憲野党内での足並みの乱れ、小池新党結成準備の遅れを見透かして「今なら勝てる」と判断して解散・総選挙に打って出たのです。

この安倍首相の目論見が功を奏しました。野党勢力の分断によって力を貸す形になったのは小池都知事と前原民進党代表です。その背後にいて助力したのが、連合の神津里季生会長だったと思われます。

都議選の結果が大きく影響していた

今回の解散・総選挙には、7月に実施された東京都議選の結果が大きく影響していました。これまでも直前に実施された都議選はその後の国政選挙に大きな影響を及ぼしてきましたが、今回はほとんど決定的ともいえるような意味を持ちました。

都議選での自民党の惨敗や小池百合子都知事が結成した「都民ファーストの会」の躍進がなければ、安倍首相は解散を決断しなかったかもしれません。このような結果がなければ、前原誠司代表が「希望の党」への「なだれ込み」という方針を打ち出すこともなかったでしょう。

そもそも、民進党内での代表選挙で前原氏が選出されたのは、わずか5議席となってしまった都議選での敗北の責任をとって蓮舫前代表が辞任したからです。代わって登場した前原氏は蓮舫氏が進めてきた野党共闘路線の見直しを表明し、それまで各選挙区で行われてきた市民連合などの市民団体と共産党など立憲3党との共闘の動きには批判的でした。できれば共産党抜きで1対1の対決構図を作りたいというのが本心だったのではないでしょうか。

総選挙でも都議選と同様の小池新党ブームが生まれれば民進党は大敗して存亡の危機に陥ります。かといって、共産党などとの野党共闘で「勝利」することも前原氏には望ましいことではありませんでした。周辺に「共産党と組んだら、死んでも死にきれない」(『朝日新聞』11月20日付)と話していた前原氏にとって、それは「望まざる勝利」だったからです。

新たに就任した野党第一党の党首が野党共闘に消極的だということも、安倍首相が突然、解散に踏み切る決断をした要因の一つだったと思われます。「前原新代表が就任したばかりの、今がチャンスだ」と。

この安倍首相の挑戦に対して、小池都知事は新党の結成で応えました。一方での安倍首相による不意打ち、他方での小池新党の登場という挟撃にあって、民進党の前原代表は進退窮まったようです。都議選での「悪夢」が頭をよぎったにちがいありません。前原氏にとっての唯一の選択肢は、「小池に飛び込む」ことだけになりました。

「小池劇場」は「排除の論理」で暗転した

こうして、小池氏が立ち上げた希望の党への民進党の「なだれ込み」という奇想天外な方針が打ち出されます。小池人気にすがって「安倍一強」を打倒しようと夢想したのです。この方針を全会一致で承認した民進党両院議員総会の参加者も、同じ考えだったと思われます。

しかし、民進党を道連れに飛び込んだ前原氏は「排除の論理」に翻弄されておぼれ、「小池劇場」は希望の党の失速という形で幕を引きました。「敗残の将」となった前原氏は希望の党に入り、小池知事はさっさと共同代表を辞任し、やがて都知事の椅子に舞い戻ることになります。

安倍首相が正式に衆院解散を表明した9月25日、小池都知事は記者会見で新党「希望の党」の立ち上げと自らの代表就任を明らかにしました。こうして「小池劇場」が幕を開け、やがて民進党の混乱と分裂に結びついていきます。

解散表明の翌26日、市民連合と民進党・共産党・社民党・自由党の4野党は政策合意に調印しました。その日の深夜、小池知事と前原誠司民進党代表、連合の神津里季生会長らが帝国ホテルで密談しています。

『朝日新聞』の連載「検証　民進分裂」によれば、「民進党を解党したい。民進の衆院議員は、希望の党に公認申請させます」と前原代表が提案し、「それでいきましょう」と小池知事が応じ、同時に「全員（の合流）は困る。私は、憲法と安全保障は絶対に譲れません」と注文を付けたといいます（同11月19日付）。

つまり、「全員」の合流という「なだれ込み」路線は、最初からあり得なかったのです。そのことを知りながら、28日に開かれた両院議員総会で前原代表は事実上の解党と希望の党への合流を提案し、全員一致で承認されました。小池人気を頼りに「安倍一強」を打破して生き残りを図ろうという思惑に支配されての結果だったといえます。

しかし、このような思惑は直ぐに吹き飛びました。29日の都庁での記者会見で、小池知事は改憲や安保で政策が一致しない民進党出身者について「排除いたします」と明言したからです。この「排除の論理」によって一挙に舞台は暗転し、それまで吹いていた「追い風」は「逆風」に転じます。

2　野党共闘はどのようにして立て直されたのか

立憲民主党の誕生と野党共闘の再確立

安倍首相の思惑通りに前原氏は市民連合と野党との政策合意を踏みにじり、野党内に大きな混乱を持ち込みました。しかし、突如として発生した逆流と試練に対して立憲野党は直ちに対応し、野党共闘を立て直すとともに刷新に成功します。

衆院解散と民進党の事実上の解党がなされた9月28日、共産党は社民党との共闘に合意し、翌29日に志位和夫委員長は「安保法制廃止を守って共闘の大義に立って行動しようという方であれば、私たちは共闘を追求したい」と表明しました。これらの動きは、民進党の消滅にもかかわらず連携可能な勢力が生まれれば共闘は立て直せるという展望を示す点で、重要な意味を持ちました。

そして、それに応える動きが始まります。ネットなどに沸き上がった「枝野立て」という声に押される形で、10月2日に枝野幸男民進党代表代行によって立憲民主党の結成が発表されました。この新党の誕生と共闘体制の再確立によって選挙戦は大きく様変わりすることになります。

この背景になったのは、2016年2月の「5党合意」以来、積み重ねられてきた市民と野党との共闘です。このような経験と実績がなければ、市民の中から新党結成を求める声は上がらず、枝野氏も確信をもって新党結成に踏み切ることはできなかったでしょう。

市民と立憲野党の共闘をめぐる状況は一変した

市民と立憲野党の共闘は一時的な危機に直面しました。民進党という野党第一党が姿を消し、共闘の条件が失われてしまったからです。このような危機に際して、一貫して共闘を推進してきた共産党は2年間の実践と経験は無駄ではなかったと指摘し、各選挙区で共闘の維持と再生に向けての努力が始まります。

全国規模では10月2日の立憲民主党の立ち上げが決定的な転換点になりました。これを機に野党共闘をめぐる状況は一変します。翌10月3日、共産党は中央委員会総会を開いて対応を協議し、新党結成を歓迎するとともに枝野代表の選挙区での候補者擁立の見送りを表明しました。候補者調整について都道府県別での協議を開始するとともに一本化に向けて67の小選挙区予定候補を降ろし、多くのところで自主的に支援を行いました。

このような立候補の取り下げや市民連合による政策合意、統一候補の擁立などに向けての動きが急速に進展し、立憲民主党は改選15議席を3倍以上も上まわる55議席を獲得して野党第一党となりました。立憲民主党の躍進という形で、市民と立憲野党の共闘の威力が改めて実証されたのです。市民の強力なバックアップと共産党などの他の立憲野党の支援や協力なしには、このような成果を上げることはできなかったにちがいありません。

こうして、市民と立憲野党との共闘が再生しました。立憲民主党が結成され、市民連合が政策協定を仲立ちして野党共闘を後押しし、これに共産党が積極的に応えて67選挙区で候補者を取り下げ、短期間に２４９選挙区で一本化が実現しています。しかし、それは単に復活したのではありません。新たな内容を伴って刷新されたのです。

野党共闘は大きな試練に直面しましたが、それによって、その意義や重要性が再確認され市民の財産として再認識されたのです。それを失うまいとして多くの市民が立ち上がり、その力に押されて各政党は連携し、相互の信頼を強め、人間関係を深め、つながりを広めることができました。共闘は単に再建されただけではありません。それは刷新され、よりバージョンアップされた形で生まれ変わったのです。

共闘は刷新されバージョンアップされた

第1に、共闘の核となるべき野党第一党が立憲主義を掲げた民主的なリベラル政党にとって代わられ、明確に共闘推進の立場に立つことになりました。野党第一党は量的に減少しましたが、質的に強化されたのです。民進党の流れを汲む政党は4つに分かれましたが、その結果、連携と共闘の可能性は拡大しています。

第2に、野党第一党のイメージと政策が一新されました。旧民主党から民進党に至るまでしつこくまとわりついていた薄汚れた裏切り者のイメージは、前原さんと小池さんによって希望の党へと受け継がれてしまったようです。安倍9条改憲と安保法に反対するだけでなく、消費増税や原発再稼働への反対でも民進党より明確な政策を打ち出している点も大きな前進です。

第3に、この立憲民主党の躍進は市民と野党共闘の成果として達成されました。とりわけ小選挙区で当選した議員の多くは、そのことを十分自覚しているにちがいありません。このような実感として共闘の意義を理解できる議員が増えたことも、今後の共闘の発展にとって重要な意味を持つでしょう。「手を結べば勝てる」ことを知る者が増えれば増えるほど、共闘への期待が高まり逆流は生じにくくなるからです。

第4に、立憲民主党の選挙運動において、新たな政治文化が生まれました。インターネットを利用したネット戦略が功を奏し、若者を巻き込んで大きな威力を発揮しました。特にツイッターやフェイスブックでは自民党のフォロワー数を抜き、投票日までに19万を超えています。

街頭演説も、いかにスマートに格好良く見せるかに留意し、アーティストのプロモーションレベルに高めたという評価もあるほどでした。

第5に、この結果、市民や他の立憲野党と共に歩むことが可能な新たな選択肢が登場することになりました。それは安倍首相への不信や批判に対する力強い「受け皿」となり、新たな政権の担い手となる可能性が出てきたのです。安倍首相が「信任された」とばかりに強引な政治運営を続ければ、「他よりはよさそう」という消極的な支持が離れ、新たな選択肢に吸収されていくにちがいありません。

そして第6に、共闘立て直しの過程で相手とのリスペクトや信頼、新たな人間関係や深い付き合いが生まれたことです。逆流に直面した市民は直ぐに態勢を立て直して政策合意や可能な形での共闘の実現に努めました。自分の頭で考えて事態の変化に対応し、新しい経験と実績を積み重ねてきたのです。その経験と教訓を大切にし、国政選挙だけでなく地方選挙や安倍９条改憲阻止などの大衆運動においても共闘を広げ、活かしていくことが重要です。

「立憲チームの勝利」に貢献した共産党

野党共闘の立て直しのために力を尽くしたのが、共闘の推進力としての役割を担ってきた共産党でした。共産党は市民と野党の共闘成功を大方針にすえ、10月7日には立憲民主党・社民党とともに市民連合との7項目の政策合意を結び、協力・連携して選挙に取り組みました。

また、候補者を一本化するために67の小選挙区で候補者を取り下げ、２４９の小選挙区で共闘勢力の一本化が実現します。それぞれの選挙区でいわば「候補者Xの献身」が生まれていました。その成果が立憲民主党の躍進として結実し、市民と野党の共闘勢力が全体として大きく議席を増やすことができたのです。

しかし、共産党は比例代表選挙を重点として闘ったにもかかわらず、前回の14年総選挙で獲得した20議席（606万票、11・37％）から、11議席（440万票、7・91％）への後退となりました。これに沖縄選挙区で当選した1議席を合わせても12議席にすぎません。改選21議席と比べれば9議席減です。

これは野党共闘全体で前進するための自己犠牲的な献身の結果でもありました。他の野党共闘候補に一本化するために候補者を降ろすという措置を取り、83の小選挙区で候補者を立てないという犠牲を払ったため様々な不利益を被ることになりました。小選挙区での候補者を減らせば、その分だけ政見放送の時間や選挙カーの運行台数などに制約が生じます。それにもかかわらず候補者を取り下げたため、マイナスの影響が出たのです。

また、選挙戦序盤において野党共闘の立て直しのために忙殺され、小選挙区ごとの候補者調整に手間取ったために比例代表を重点とする独自の選挙活動が手薄になったという面もあります。選挙公示後、次第に野党共闘の体制が整い、小選挙区での対決構図が固まったころに比例代表への取り組みに力を入れましたが、序盤の遅れを取り戻せなかったということでしょう。

「身を捨ててこそ、浮かぶ瀬もあれ、共産党」

そして何よりも、これまで共産党に引き寄せられてきた旧民主党や維新の党の支持者や革新無党派層が、今回の選挙では立憲民主党に殺到したということではないでしょうか。民主党政権や改革政党として期待をかけた維新の党などに裏切られ、失望した支持者や無党派層は共産党に期待を寄せてきました。これが地力以上の前進を可能にしてきた背景です。

そのために共産党は、2013年の都議選から連勝街道を進み始めます。同年7月の参院選、14年12月の衆院選、16年7月の参院選、そして先の都議選と、いわば連戦連勝でした。今回は一歩後退したわけですが、13年以降でみれば5勝1敗の成績になります。いわば、5歩前進1歩後退ということです。

しかも、この間の取り組みによって連携の幅は広がり、共産党の威信と信頼は高まりました。次に前進できる条件と要因は十分にあります。悲観することはありません。この間の自己犠牲的な対応を踏まえて、こう言いたいと思います。

「身を捨ててこそ、浮かぶ瀬もあれ、共産党」

このような選挙結果について、市民連合も以下のような「見解」を明らかにし、「日本共産党の努力を高く評価」しています。立憲野党のためのサポート役に徹し、ゴール前へのアシストによって得点を挙げることに貢献した共産党は、チームの勝利のために大きな役割を果たしたからです。

「立憲民主党が選挙直前に発足し、野党協力の態勢を再構築し、安倍政治を憂える市民にとっての選択肢となったことで野党第一党となり、立憲主義を守る一応の拠点ができたことは一定の成果と言えるでしょう。この結果については、自党の利益を超えて大局的視野から野党協力を進めた日本共産党の努力を高く評価したいと考えます。社会民主党も野党協力の要としての役割を果たしました。

そして何よりも、立憲野党の前進を実現するために奮闘してきた全国の市民の皆さんのエネルギーなくして、このような結果はあり得ませんでした。昨夏の参議院選挙につづいて、困難な状況のなかで立憲民主主義を守るための野党共闘の構築に粘り強く取り組んだ市民の皆さんに心からエールを送ります。」

3 戦後日本政治の新しい局面が切り開かれた

本格的な市民政治が台頭し共闘が新たな段階に達した

このような市民と立憲野党の共闘の刷新を生み出した力は、本格的な市民政治の台頭でした。この間、模索されてきた市民と立憲野党との共闘が新たな段階に達し、戦後日本政治の新局面を切り開いたのです。共産党の議席減はそのための「生みの苦しみ」でした。

日本の市民運動は政治に一定の距離を置き、選挙にかかわることも避けてきました。しかし、

2015年の安保法反対闘争で市民運動と政治との連携が始まります。正確に言えば、2008年の派遣村や2011年の原発事故を契機にした脱原発・原発ゼロをめざす運動、特定秘密保護法反対運動などの流れを受け継ぎ、市民運動が本格的に政党や国会内での論戦と連動することになります。

ここから「野党は共闘」という声が上がり、2016年2月の「5党合意」や参院選での1人区での共闘など新しい動きが始まりました。その後も新潟県知事選や仙台市長選などでの経験を積み重ね、市民と立憲野党の共闘が発展していきます。

そして、今回は政権選択にかかわる衆院選でも市民と立憲野党との共闘が追求され、各選挙区や地域で市民連合や共闘組織が作られました。こうして小選挙区で1対1の構図が作られようとした矢先、思いもかけない逆流が生じ、共闘は試練にさらされます。

しかし結局は、政党政治の危機を救い、新たなリベラル政党を誕生させ、躍進させることによって事態を収拾することに成功しました。安保法反対運動からの市民と立憲野党による運動と経験の蓄積がなければ、このような素早い対応は不可能だったにちがいありません。

市民と野党の共闘は弁証法的に発展してきた

こうして、市民政治と野党共闘のリニューアルが達成され、選挙と運動で連携すれば勝てるという新たな可能性がうまれました。共闘への気運の高まり、共闘の提起、政策合意、参院選と首長選での試行、政権選択を問う衆院選への拡大、そして逆流と試練の段階を経て野党共闘は刷新され、いよいよ本格的な運用の段階を迎えたということになります。まさに、テーゼ（正）・アンチテーゼ（反）・ジンテーゼ（合）という形で弁証法的な発展を遂げてきていると言えるのではないでしょうか。

今回の総選挙は政権を争う衆院選で市民と立憲野党の共闘が試された初めてのケースになりました。しかし、民進党の前原代表の「なだれ込み」路線によって、思いもかけぬ逆流に直面し、かつてない試練にさらされることにもなりました。この逆流と試練によって、野党共闘はさらに質の高いものとして再生しただけでなく、弁証法的な発展を遂げ刷新されたように思われます。

そもそも選挙での野党共闘は、60年代後半から70年代にかけて、美濃部亮吉東京都知事による革新都政のように多くの革新自治体を生み出した社共共闘として出発しました。その後、1980年の「社公合意」という形で共産党が外されることになります。これは日本共産党を政権協議の対象とはしないという社会党と公明党との合意で、一種の「アンチテーゼ」でしたが、それを乗り越えて「ジンテーゼ」の段階が始まります。

2015年安保法制反対運動での「野党は共闘」という声に押され、2016年の「5党合意」によって野党共闘が再生・復活するからです。ただし、それは市民と立憲野党との合意によるものでした。社共共闘の単純な復活ではなく、発展した内容を含んでいたのです。

このような共闘は、その後、参院選1人区での共闘によって試行され、新潟県知事選や仙台市長選など首長選挙にも拡大されていきます。そして、今回の逆流と試練によって、総選挙直前にまたもや一種の「アンチテーゼ」に直面しました。

それを乗り越えての「ジンテーゼ」が、総選挙での野党共闘の再生と刷新です。共闘に消極的で安倍9条改憲に妥協的な民進党から共闘に積極的で安倍9条改憲に反対する立憲民主党へと、野党第一党が変わりました。量的に減少しましたが、質的には強化されたと言えます。

実は、量的にも強化された面があります。旧民主党との比較では、立憲民主党と希望の党とを合わせた得票は、14年総選挙より小選挙区で425万票増、比例代表で1098万票増となっています。民進党は分裂することで得票を増やしたのです。また、比例代表の得票数で比べれば、自民・公明・日本のこころの合計得票は2562万票ですが、立憲・希望・共産・社民では2610万票になっています。

総選挙後、朝日新聞は立憲・希望・共産・社民・無所属が共闘すれば63選挙区で逆転すると試算し、毎日新聞も野党候補が一本化すれば84選挙区で逆転する可能性があると報じました。これらの予測は、今回の選挙でも与党より野党の合計得票の方が多くなっていた事実を背景にしたものです。

「右派ポピュリズム」が抑制され「左派ポピュリズム」が発生した

これまで日本では維新の党や都民ファーストの会などの「右派ポピュリズム」はあっても、今回のような「左派ポピュリズム」の発生はありませんでした。今回、それが生まれたのだと思います。

「ポピュリズム」とは既存のエスタブリッシュメントの政治への不信、エリートに政治を任せていられないという人々の自発的な政治参加の波を意味しています。それが排外主義に向かえば右派、民主主義を活性化させれば左派ということになります。

今回の総選挙では、希望の党による「右派ポピュリズム」の発生が抑制され、立憲民主党による「左派ポピュリズム」が生まれました。それは、アメリカ大統領選挙でのサンダース、フランス大統領選挙でのメランション、イギリス総選挙でのコービンなどによる「左派ポピュリズム」旋風と共通するものだったと言えます。

国際的な政治の流れに呼応する新たな市民政治の局面が「左派ポピュリズム」の発生という形で表面化し、立憲主義を守り民主主義を活性化させる新しい展望を切り開いたのではないでしょうか。ここにこそ、今回の総選挙が戦後政治においてもっている重要な意味があったように思われます。

運動のレベルでも市民と立憲野党との共同を追求するべきだ

総選挙においてだけでなく、その後に急浮上してきた安倍9条改憲NOの運動にとっても、市民と立憲野党の共同が大きな力となるにちがいありません。原発再稼働反対や沖縄の辺野古新基地建設反対、消費税の再増税や偽りの「働き方改革」、全世代にわたる社会保障給付の削減と負担増への反対などの運動のレベルにおいても、市民と立憲野党との共同を追求することが大切です。

これまでも、国会正門前集会や官邸周辺での抗議行動、各種の集会やデモ、駅頭での演説会などで政党代表があいさつしたりエールを交換したりすることがありました。そのような場を数多く設定するとともに、そこに野党の代表を招き、できるだけ多く市民の声に直接、接する機会を作っていくことが重要です。

国会議員は、そのような場に身を置くことで変わっていきます。そのような場に、国会議員を招くことによって変えることもできます。市民の運動と国会内での審議の連動も可能となるでしょう。国会内外の動きを結びつけることによって、議員を鍛え成長させ、国会内の議論を活性化させることも、これからの大衆運動の大きな役割なのです。

もちろん、選挙への取り組みも忘れてはなりません。労働組合の活動や大衆運動において共同の実現という視点を貫くとともに、国政選挙だけでなく各種の地方選挙での市民と野党との共闘を可能な限り実現していく必要があります。

地方自治体の首長選挙での市民と立憲野党の共闘の実現、各種議員選挙での政策協定、相互推薦や相互支援も検討されるべきでしょう。これらの経験を積み重ねながら、２０１９年４月の統一地方選挙や夏の参院選に向けての野党共闘を、今から準備していかなければなりません。

とりわけ、２０１９年７月の参院選に向けての取り組みが重要です。この時まで安倍９条改憲の発議を阻止し、改憲勢力を３分の２以下にするだけでなく与党を過半数以下にできれば、政権交代に結びつけることが可能になります。そのためにも、野党の連携と共闘を何としても実現することが必要です。

総選挙が終わっても国政の課題に変化はない

総選挙の結果、安倍政権の基盤にはほとんど変化がありませんでした。選挙中の野党の分裂によって、「一強多弱」と言われるような国会の状況はさらに強まったように見えます。安倍首相の驕りはいっそう高まり、強引な国政運営も強まっていくにちがいありません。すでに、国会質問における与野党の時間配分の比率を変え、野党の時間を削って与党の質問時間を増やしました。

総選挙が終わっても、国政の課題に変化はありません。森友・加計学園疑惑は解明されていず、選挙があったからといってウヤムヤにしてはなりません。リニア新幹線をめぐる談合疑惑での大手ゼネコン幹部やJR東海の葛西名誉会長と安倍首相との関わり、スーパーコンピューター（スパコン）業者への巨額補助金をめぐる詐欺への官邸の関与、高齢者をターゲットに健康器具の販売でマルチ商法を展開してきたジャパンライフと安倍首相夫人の昭恵氏との関係など、新たな疑惑も明らかになりました。これらの疑惑への安倍首相夫妻の関与や国政の私物化に対する真相解明と追及は、引き続き重要な課題になっています。

北朝鮮危機にも基本的に変化はなく、国民の不安は解消されていません。トランプ米大統領に追従し、圧力一本やりの安倍首相の対応は問題の解決を遅らせるだけでなく危機を高めています。対話の可能性を探り、軍事力によらない解決の道を模索するしかありません。

安倍首相が選挙中に約束した全世代を対象にした社会保障の組み換えは、全世代を対象にした社会保障の切り下げと負担増に転化しようとしています。教育費の負担軽減と子育て支援の充実は選挙対策のための思い付きにすぎませんでした。

国民の生活と労働を守るたたかいは、さらに大きな意義と役割を担うことになります。安倍暴走政治をストップさせ、日本が直面している危機からの活路は共闘にしかありません。バラバラでは勝てないこと、統一して力を合わせてこそ勝利への展望が開かれること――これが今回の総選挙における最大の教訓でした。そのために労働組合と労働運動が大きな役割を果たすことが期待されています。この期待に応えることこそ、18年春闘の最大の課題ではないでしょうか。

むすび――歴史はジグザグに進む

歴史はまっすぐではなく、ジグザグに進むものです。時には「後退」しているように見えることもあります。かつてレーニンは『一歩前進二歩後退』という論攷を書きました。それになぞらえて言えば、今回の総選挙は「一歩後退二歩前進」ということになるでしょう。いや、そうしなければなりません。

市民と立憲野党の共闘という点では、「一歩後退」を強いられるような逆流や障害に直面しましたが、今後の発展につながる共闘勢力の誕生や経験の蓄積、そして何よりも共闘相手とのリスペクトや信頼、新たな人間関係や深い付き合いが生まれています。これらを大切にし、選挙だけでなく安倍9条改憲阻止の運動においても共闘を広げ、活かしていくことが大切です。

このような日常的な活動の積み重ねによって、草の根から改憲阻止、立憲主義と民主主義を守る市民政治を生み出すことができれば、2019年の参院選に向けても、いつ解散・総選挙があっても、市民と立憲野党との共同の力によって対応することができるにちがいありません。それはまた、来るべき野党連合政権を草の根で支える市民の力を鍛え、統一戦線の結成に向けての歴史を切り開く作業となることでしょう。

歴史は傍観者として「見ている」ものではありません。それは私たちの主体的な参加によって「つくるもの」です。いま私たちに問われているのは、どうなるかではなく、どうするかです。安倍9条改憲に向けての「激突」に勝利し改憲勢力3分の2体制を打破して戦争への道を阻むために、世論と政治を変えて新たな歴史をつくっていこうではありませんか。

第3章　安倍9条改憲をめぐる新たな攻防

はじめに

「憲法改正については、国民の幅広い理解を得つつ、衆議院・参議院の憲法審査会で議論を深め各党とも連携し、自衛隊の明記、教育の無償化・充実強化、緊急事態対応、参議院の合区解消など4項目を中心に、党内外の十分な議論を踏まえ、憲法改正原案を国会で提案・発議し、国民投票を行い、初めての憲法改正を目指します。」

２０１７年10月の総選挙に際して、自民党は「憲法改正」についてこのような公約を掲げました。これは5つの重点項目のうちの最後に当たるものです。これまでの国政選挙でも、自民党は改憲について公約していましたが、その扱いは控えめで目立たないものでした。

今回は「重点項目」としての登場です。改憲に向けて、本腰を入れてきたということを示しています。その背後には、安倍首相の意向があります。5月3日の憲法記念日に、現行憲法9条の1項と2項をそのままにして自衛隊の存在を書き込むという新たな改憲方針（安倍9条改憲論）を明らかにしたからです。

これによって、憲法をめぐる情勢は急展開しました。改憲に向けての動きが政治の焦点に浮かび上がってきただけではありません。9条に手を加えて自衛隊の存在を正当化し、憲法上の位置づけを与えようという狙いが、はっきりと示されたからです。

こうして、9条改憲をめぐる激突での新たな段階が幕を開けました。その緒戦となったのが、2017年10月の総選挙です。自民党が初めて「自衛隊の明記、教育の無償化・充実強化、緊急事態対応、参議院の合区解消など4項目」を重点項目に掲げて信を問うことになった総選挙でした。

以下、総選挙の結果、憲法をめぐっていかなる政治状況が生まれたのか、安倍9条改憲論の危険性をどう考えたらよいのか、今後の展望や課題はどのようなものなのか、などの点について検討してみることにしましょう。

表4　自民改憲議論の方向性

自衛隊の根拠規定
9条1項、2項を維持しつつ、「9条の2」として自衛隊の根拠規定を明記
緊急事態条項
大規模災害発生時、選挙の延期や議員任期の延長などの緊急事態条項を創設
参院合区解消
47条を改正し、参院議員を都道府県から選出する旨を明記
教育無償化
教育の機会均等を進めるため、教育環境整備の努力義務規定を明記。 大学の無償化には慎重

出所：「時事ドットコム」https://www.jiji.com/jc/graphics?p=ve_pol_politics20170801j-05-w360。

1 憲法をめぐる激突は新たな段階を迎えた

安倍首相のめざす9条改憲をめぐって激突が始まった

総選挙後の特別国会での所信表明演説で、安倍首相は改憲論議の加速化を呼びかけました。「与野党の枠を超えて、建設的な政策論議」を行う努力の中で、「憲法改正の議論も前に進むことができる」と表明したのです。

与党が3分の2を超え、「改憲勢力」が8割を突破したとされる総選挙での結果を受けて、安倍首相が9条改憲に本腰を入れ、その動きをスピードアップしたいと考えていることは間違いありません。しかし、事態はそう簡単ではありません。「改憲勢力」とは言っても、その中身はバラバラだからです。

まず、安倍首相の掲げる自衛隊の明記など4項目の改正案について、自民党内が一致していません。12年自民党改憲草案のように9条2項を削除して自衛隊を国防軍とするべきだという意見が14％あります。

自衛隊明記については、与党の公明党も反対しており、「改憲勢力」とされている希望の党や維新の会も積極的ではありません。希望の党の玉木雄一郎代表は特別国会での代表質問で安倍首相の改憲案について「違和感を禁じ得ない」と述べ、「平和主義や専守防衛の立場から、どこまで自衛権が認められるのかをしっかり議論すべきだ。立憲主義にのっとって、憲法の議論を正しくリードしたい」と語っています（『毎日新聞』11月22日付）。

野党第一党の立憲民主党の枝野幸男代表も代表質問で、安保法を「立憲主義の観点から決して許されない」と批判し、改憲については「今ある憲法を守ってから言え、それがまっとうな順序だ」と、対決姿勢を鮮明にしました。もちろん、共産党と社民党は改憲に反対する立場で一貫しています。

9条改憲について安倍首相は、11月21日の参院本会議で、「合憲の自衛隊を書き加えることで何が変わるのか」という民進党の大塚耕平代表の質問に答えて、「自衛隊の任務や権限に変更が生じることはない」と述べるとともに、「自衛隊員に『君たちは憲法違反かもしれないが、何かあれば命を張ってくれ』というのはあまりにも無責任だ。そうした議論が行われる余地をなくしていくことが私たちの世代の責任ではないか」と改めて表明しました。

安倍首相は「自衛隊を明記することが国民投票でたとえ否定されても、自衛隊が違憲であることは変わらない」と説明しています。しかし、改憲案が国民投票で承認されても否決されても自衛隊は合憲だというのであれば、何のために改憲するのでしょうか。その必要性が一体どこにあるのかという疑問が生まれるのも当然でしょう。

そんなことがいま必要なのかが、国民に問われています。政治が力を尽くして緊急に取り組むべき他の課題が別にあるのではないでしょうか。改憲ではなく、国際環境の改善による平和と安全の維持、少子化対策や景気回復こそ、政治が全力を傾けて解決するべき課題なのだということを、国民に理解してもらうことが必要です。

「戦争できる国」に向けての総仕上げとしての9条改憲

総選挙の結果、安倍首相は再び改憲に向けての意欲を高めたように見えます。しかし、自民党は選挙公約で改憲を重点項目としたにもかかわらず、安倍首相は選挙中の32回の街頭演説で1回だけ言及したにとどまり、憲法問題にはほとんど触れませんでした。与野党対立を引き起こすような政治的に微妙なテーマは隠しながら、アベノミクスなどの経済政策を前面に出して支持を訴えるというこれまでのやり方を踏襲したわけです。

このような安倍首相のやり方からすれば、選挙で得た多数議席を背景に国民の「信任を得た」と強弁して9条改憲をスピードアップすることは目に見えています。憲法をめぐる激突の新段階が、こうして始まることになりました。

2018年1月22日、通常国会の開始に当たっての施政方針演説の「おわりに」の部分で、安倍首相は憲法について「五十年、百年先の未来を見据えた国創りを行う。国のかたち、理想の姿を語るのは憲法です。各党が憲法の具体的な案を国会に持ち寄り、憲法審査会において、議論を深め、前に進めていくことを期待しています」と語りました。政治的に微妙なテーマを国民の目から隠しながら強行するというこれまでの「手口」が採用されているというわけです。

しかもここで、「国創り」という言葉が意識的に用いられています。「作る」や「造る」ではなく、どうして「創る」という言葉なのでしょうか。それは「初めて・新しく」という意味を含ませたかったからだと思います。戦後初めて、新たに「戦争できる国」を自分の手で「創り」出したいという意欲を示すためだったのではないでしょうか。

この安倍首相がめざす９条改憲については単独で受け取ってはならず、これまで安倍首相が実施してきた暴走政治や一連の違憲立法との関連で、「戦争できる国」づくりの一環として理解しなければなりません。自衛隊を海外に派兵してアメリカとともに「戦争できる国」とするために、安倍首相は一連のストーリーを描いてきたからです。

それは、起（特定秘密保護法）、承（安保法制）、転（共謀罪法）という形ですでに具体化されてきました。いよいよこの物語は「結」の段階、すなわち「むすび」という形での総仕上げを迎えようとしているのです。

「戦争できる国」に向けてのシステム・ハード・ソフトの整備

「戦争できる国」をつくるためには、システム・ハード・ソフトの各レベルにおける整備が必要です。システムというのは戦争準備と遂行のための法律や制度であり、一連の違憲立法とともに日本版ＮＳＣ（国家安全保障会議）や安全保障局の設置などによっても実施されてきました。９条改憲はこのシステム整備の中核をなし、総仕上げの意味を持つものです。

ちなみに、ハードとは戦争遂行のための軍事力の整備であり、防衛費、軍事基地、兵器、弾薬、兵員の確保などがその内容です。ソフトとは戦争できる国を支える人材の育成と社会意識の形成を指しています。教育改革実行会議による道徳の教科化や教育内容への介入、マスメディアの懐柔や統制による情報の操作などが具体的な内容になります。

このような「戦争できる国」づくりへの動きに対して、憲法はこれまで抵抗の拠点であり、異議申し立てのための武器となってきました。しかし、自衛隊が9条に明記され、その存在が正当化され憲法上の位置づけが与えられれば、その意味は大きく変容するでしょう。憲法が抵抗のため武器から戦争へと動員するための手段へと変わるのです。

安倍9条改憲論は自民党の本来の改憲草案からすれば公明党の加憲論などに譲歩しているため、自民党内からも反発が出ました。内閣支持率の低下に際しては、スケジュールありきではないと後退したようなそぶりを見せたこともありました。これらの譲歩も後退のそぶりも、全て9条改憲を確実に実現したいがためのポーズです。

それだけ、本気だということではないでしょうか。実現が難しい自民党の改憲草案よりも他党の賛同などが得られやすい改憲案を提示することで、世論の支持を得たいということでしょう。

現行憲法にこれまで何らかの不都合があったのか

これまで、憲法が変えられることはありませんでした。1947年の施行以来、70年にわたって一度も変えられずに維持されてきました。これほど長い間、変えられなかったことを問題視する意見もあります。だから、変えるべきだと。

しかし、70年にもわたる期間、変えられずに来たのは変える必要がなかったからです。変える必要がなかったのは、これといって不都合がなかったからです。誰にでも了解されるような不都合があれば、国民の間から「ここを変えるべきだ」という声が上がってきたにちがいありません。しかし、具体的な条文や記述を示して国民の間から改憲要求が高まることは、これまでありませんでした。

「押し付け憲法論」にしても、「占領軍によって押し付けられたものだから」というだけの理由です。これが改憲の根拠として主張されてきたのは、端的に指摘できる不都合がなく変えるべき条文などを具体的に明示することができなかったからです。

今回の安倍9条改憲論も国民の間からではなく、突然、安倍首相が提起したものです。しかも、これまでの安倍首相も自民党も、このような改憲論を示すことはありませんでした。2012年に自民党は改憲草案を発表していますが、それは安倍首相の提案とは異なったものでした。だから、石破茂元防衛相は安倍9条改憲論に反対しているのです。

今回、安倍首相がこのような改憲論を提案したのは、今がチャンスだと思ったからにちがいありません。東日本大震災などでの災害救助の実績もあって自衛隊は国民に受け入れられるようになってきました。加えて、北朝鮮の核開発やミサイル実験によって国民は安全保障上の不安を高めています。このような状況が生まれている今なら、そして憲法に自衛隊の存在を書き込むという程度の提案なら、国民投票で通るかもしれないと考えたのでしょう。

そのシナリオは、日本会議で検討されてきたものでした。日本会議の伊藤哲夫政策委員は日本政策研究センターの機関誌『明日への選択』（2016年11月号）で、「速やかに9条2項を削除するか、あるいは自衛隊を明記した3項を加えて2項を空文化させるべきである」と主張していました。日本会議国会議員懇談会会長の古屋圭司衆院議員も2017年10月末の集会で、「5月3日の安倍首相提案は、日本会議議連で検討してきたもので、突然出てきたものではない」と話しています。

安倍首相は2017年12月19日、都内で講演して自衛隊の存在を明記する5月の憲法改正提案について「停滞した議論を後押しするために一石を投じた。ただ、その石があまりにも大き過ぎ、その後が大変だった」と述べました。突然の表明に野党からだけでなく「国防軍」明記などの改憲案を策定した自民党内からも反発が出たため、根回し不足を「反省」した形だと報じられました。

しかし、安倍首相は2020年の東京五輪開催を挙げ「新時代の幕開けへ機運が高まる時期だからこそ、憲法の議論を深め、国のあり方を大いに論じるべきだ」と述べ、20年の新憲法施行に期待感をにじませています。できれば、当初の目論見通りに実行したいということでしょう。

自民党は2017年12月20日の党憲法改正推進本部で論点整理を行い、それを了承しました。形の上では「一歩前進」のように見えますが、必ずしもそうではありません。改憲の焦点になっている自衛隊の存在明記について、年内の意見集約を見送ったからです。

もともと自民党が掲げていた12年の改憲草案は現行の9条第2項（戦力不保持）を削除して第1項（戦争放棄）が「自衛権の発動を妨げるものではない」と新たに規定し、それによって「国防軍の保持」（草案9条の2）を可能にするというものでした。自民党内では、前述のようにこれを支持する意見が14％存在しています。

代表的なのが石破茂元幹事長で、この日の憲法改正推進本部の全体会合でも「安全保障環境がものすごく変わったから9条を改正するというのなら、今までとほとんど（自衛隊の）中身は変わらないというのは論理が一貫しない」と主張し、第1項と第2項を維持したまま自衛隊を明記する首相の考え方を重ねて批判しました。

これに対して、山本一太元沖縄・北方担当相は「2項を削除した方が分かりやすいに決まっているが、やはり（国会を）通さないといけない」と反論しました。自民党の改憲草案と安倍9条改憲論の両案をめぐって賛否が飛び交う形となっています。このような見解の相違は、本書執筆の時点でも埋められていません。

急がず慎重になっているのは、「今度こそ、確実に変えたい」と考えているからです。「本当は石破さんの言う通りなのだが、それでは国民の合意が得られないから、さし当り通りやすい案で妥協してもらいたい」ということなのでしょう。

「後法優位の原則」によって9条2項の空文化が生ずる

法律には「後法優位の原則」があります。条文の内容が矛盾する場合には、後から制定された条文が優先されます。9条2項の戦力不保持の規定と自衛隊の存在の明記が矛盾する場合、2項が空文化されることになるでしょう。裁判などで争われれば、はっきりさせようということで9条2項の削除論が提起されるにちがいありません。

しかも、新たに書き加えられる自衛隊は、2015年9月の安保法の成立によって集団的自衛権の行使が一部容認された自衛隊です。日本の安全と存立が脅かされる「存立危機事態」だと判断されれば、いつでも、どこでも、どのような形でも、米軍とともに国際紛争に武力介入することができるようになっています。

しかし、このような形で憲法の平和主義原理を放棄するのは誤りです。というのは、国際紛争を武力の行使や武力による威嚇によって解決しないという9条の理念はますます重要な意味を持ってきているからです。北朝鮮危機は武力の行使によって解決してはならず、テロの脅威も武力を行使することによって根本的には解決できません。

もし、北朝鮮危機に対して武力を行使すれば、報復攻撃によって甚大な被害が生じ、核戦争の危機に発展する恐れさえあります。テロの脅威は武力によって一時的に防止することができても、結局は憎しみの連鎖を生み、貧困や格差、憎悪などの根本的な原因を除去しなければ、最終的に解決することはできません。

憲法9条について、かつては理想論にすぎないし現実の問題解決には役立たないという批判がありました。しかし、パワーポリティクスや抑止力論による「力の政策」が間違っていることは、ベトナム戦争やイラク戦争、アフガニスタンへの武力介入の失敗などを通じて明らかになっています。

戦後国際政治の現実は、武力などの力に頼らない地道で粘り強い交渉こそが真に問題を解決する手段であることを示してきました。9条の理念と平和主義は決して理想論ではなく、時代遅れでもなかったのです。それは国際政治を律するものとして国際連合の精神にも合致する基本原則であり、国家間の対立や地域紛争、民族紛争やテロを解決するための現実的で有効な方法なのです。だからこそ、９条は国際的な威信と説得力を高め、ノーベル平和賞の候補としてノミネートされるようになってきました。

こうして、平和的生存権と戦争の放棄、戦力不保持と交戦権の否認を憲法に定めている日本は、「平和国家」としての「ブランド」を確立することに成功しました。それは日本という国の「弱み」ではなく「強み」なのです。この「平和ブランド」という「強み」を生かして国際政治に関与し、武力によらない平和創出のビジョンを掲げ、そのイニシアチブをとることこそが、日本の外交・安全保障の基本でなければなりません。そうすることではじめて、「国際社会において、名誉ある地位を占め」(前文)ることができるでしょう。

憲法９条を活かす将来ビジョンこそが求められている

ここで問題になるのが、自衛隊という軍事力の存在と安保条約に基づく日米軍事同盟の矛盾です。この矛盾が多くの歪みを生み出してきました。日米軍事同盟の存在を容認し、それを前提に平和と安全を確保することが現実的な安全保障政策であると、多くの人は「勘違い」してきました。実際には、現実的であるのではなく現実追随的な思考停止に陥っているにすぎません。

憲法９条の規定からすれば自衛隊は違憲の存在ですが、直ぐに廃止して解散するというわけにはいかないでしょう。自衛隊違憲論に立つ共産党も、即時廃止を主張しているわけではありません。災害救助などで大きな力を発揮していますから、当面存続させながら徐々に国境警備隊や災害救助隊などに改組・再編する条件を整備していくということになります。

このような方針は軍事力に頼らない安全保障の確立という将来ビジョンを掲げることであり、そのための国際環境づくりに努力することでもあります。その達成にどれほどの時間がかかるかは分かりませんが、このようなビジョンを掲げて周辺諸国との関係改善と友好親善に努めることこそ、アジアの平和と日本の安全確保にとって有効かつ現実的な方策なのです。

安保条約についても同様です。いずれは軍事同盟に頼らない平和の実現をめざすというビジョンを掲げなければなりません。アメリカとの軍事同盟ではなく平和友好条約への転換を図ることが前提です。それ以前であっても、対米隷属外交の是正、日米地位協定の改正、日米合同委員会の運用改善、在日米軍基地の縮小・撤廃と負担軽減などを実現できるような条件整備に努めることが必要です。

いずれにしても、カギになるのは世論と国際環境です。アメリカとの従属的な軍事同盟から抜け出すとともに、韓国・中国・ロシア・北朝鮮など周辺諸国との関係を改善し、外交や文化交流などの非軍事的な手段を通じて安全が確保されるようにすることが必要です。これこそが憲法の指し示す道であり、平和主義原理の具体化にほかなりません。必要なことは、9条を変えるのではなく、現実を変えて9条に近づけることです。

2 改憲問題をめぐってはどのような論点があるのか

安倍9条改憲が狙っている本当の目的は何か

安倍首相は9条改憲の理由として、「多くの憲法学者や政党の中には自衛隊を違憲だとする議論が、今なお存在している。『自衛隊は、違憲かもしれないけれども、何かあれば、命を張ってくれ』というのは、余りにも無責任だ」との見解を示しています。つまり、「命を張ってくれ」と言わなければならない「何か」が、近い将来、勃発するかもしれない危機が近づいているから、急いで9条に自衛隊の存在を書き込んで「違憲だとする議論」を封じておく必要があると考えたにちがいありません。

では、その「何か」とは何でしょうか。安倍首相の言う「国難」がそれに当たるということではないでしょうか。つまり、第2次朝鮮戦争の勃発であり中東での戦乱です。安倍首相の言う「何か」とは、朝鮮半島で起きるかもしれない武力衝突であり、トランプ米大統領によるエルサレムのイスラエル首都化発言によってにわかに高まっている中東地域での混乱などへの対処を意味しているのです。どちらにしても、日本の防衛を意味する個別的自衛権だけでなく、米軍とともに集団的自衛権を行使して戦闘に加わる局面が現実になろうとしているから、急いで9条に手を入れる必要が生まれたということでしょう。

もし米朝間の軍事衝突が始まり、日本周辺での戦闘が個別的自衛権の範囲に収まらず朝鮮半島にまで拡大した場合、自衛隊は米軍や韓国軍とともに朝鮮半島でも戦闘に参加する必要が生ずると判断しているにちがいありません。そうなった場合、今のままでは多くの問題が生じます。

つまり、第2次朝鮮戦争など他国での戦闘への参加を視野に据えての新たな提起こそが安倍首相による9条改憲論なのです。それは「(個別的自衛権の範囲を超えた朝鮮戦争などで)何かあれば、命を張ってくれ」と言えるようにするためのものであり、あらかじめ9条に自衛隊の存在を書き込むことで、そうなった場合に生ずる問題を未然に防ごうとしているのではないでしょうか。

今のままでは生ずるかもしれない9条の「不都合」とは

安倍9条改憲は今のままでは生ずるかもしれない「不都合」をなくそうとしているのです。そのような「不都合」とは具体的には、どのようなものなのでしょうか。

それは第1に、今のままでは自衛隊員に戦争で死ぬことを強要できないという点にあります。憲法9条には「陸海空軍その他の戦力はこれを保持しない」とあり、自衛隊は「戦力」でも「軍隊」でもないとされてきました。また、「国の交戦権はこれを認めない」とされていますから、「交戦」したら憲法違反になります。そのために、「何かあれば、命を張ってくれ」と強いることができるような仕組みが欠落しています。戦闘に際しての規律を維持するためには軍法会議が必要ですが、このような組織が存在していないからです。

今のままでは、自衛隊員による交戦の拒否や命令違反、戦場からの逃亡や離脱を厳しく罰することができません。安倍首相が「何かあれば、命を張ってくれ」と言うのは、それを拒むことも逃げ出すこともできないようにして、確実に戦場に送って「命を張」ることを命じたいと考えているからです。

第2に、将来あり得る海外での戦争参加に際しての違憲訴訟のリスクを避けたいという狙いがあります。今のままでは、９条を盾に取った裁判の提起が頻発し、違憲の判決が出る可能性があるからです。

これまでも自衛隊については、１９５９年3月30日の砂川事件での伊達判決、１９６７年３月29日の恵庭事件札幌地裁判決、１９７3年9月７日の長沼訴訟札幌地裁判決、２００8年４月14日の自衛隊イラク派兵違憲訴訟の名古屋高裁判決などが出ています。これらはいずれも個別的自衛権についての違憲判決で、集団的自衛権は対象になっていません。

しかし、今の自衛隊は集団的自衛権を部分的に容認され、その機能と役割が大きく変わってきています。安倍首相は、民進党の大塚耕平代表の質問に答えて、９条に自衛隊を書き加えても「自衛隊の任務や権限に変更が生じることはない」と強調しましたが、それは安保法によってすでに「任務や権限に変更が生じ」た自衛隊だからです。

安保法によって自衛隊が変わったのに憲法は変わっていません。憲法がこのままであれば、朝鮮半島や中東地域への自衛隊派遣や米軍の後方支援、すでに日米合同演習で実施されている米艦や戦略爆撃機の防護など、集団的自衛権の行使にかかわる「任務や権限」と憲法解釈との矛盾が生じます。このような違憲訴訟が頻発する事態を避けるために、安倍首相はあらかじめ9条に自衛隊の存在を書き込むことが必要だと考えているのでしょう。

第3に、戦争で戦死者が出た場合の扱いを変えたいという狙いもあると思われます。今のままでは、戦闘で亡くなった人でも靖国神社に葬ることは難しいからです。

これまで、自衛隊の戦死者はいません。しかし、イラクなどへの海外派遣後のPTSD（心的外傷後ストレス障害）による自殺、車両や航空機、艦船による訓練など任務中の事故や過剰業務による病気などで亡くなった殉職者は1800人以上に上ります。これらの殉職者は靖国神社ではなく、通常の埋葬と同じように各家の墓所に葬られ、防衛省内のメモリアルゾーンにある殉職者慰霊碑に名前が刻まれて年に1回慰霊祭が行われています。

昔は、隊友会が護国神社に祀る手続きをしましたが、最高裁で違憲とされ現在は行われていません。これについては、安保法の審議の際に亀井静香元政調会長から、以下のような批判がありました。

「この法案の一番の問題は国のために闘う自衛隊員の命を軽視していることだ。晋三君は正面から憲法を改正して自衛隊を軍隊と位置付けるのではなく、この安保法案だけで自衛隊を海外に派遣しようとしている。……

安倍総理は『首相が英霊に尊崇の念を表すことは当然だ』と靖国神社を参拝したが、自分の命令で国のために闘った自衛隊員が死んでも、靖国神社の英霊として祀られない矛盾をどう考えるのか」（『週刊ポスト』２０１５年8月14日号）。

今回の９条改憲論こそ、この亀井さんの批判に対する安倍首相の回答にほかなりません。「自分の命令で国のために闘った自衛隊員が死ん」だ場合、「靖国の英霊として祀られ」るようにするために、「正面から憲法を改正して自衛隊を軍隊と位置付け」ようとしているのではないでしょうか。自衛隊の存在を憲法に書き込んできちんと憲法上の位置づけを与えれば、裁判で違法とされることもなくなり、以前と同じように隊友会が護国神社に祀る手続きをすることができるようになると彼らは考えているからです。

安倍首相が狙っているのは、戦争で死ぬことを自衛隊員に強要できるようにし、違憲訴訟のリスクを避けられるようにし、戦死者を靖国神社に祀ることができるようにするための９条改憲なのです。もしそれができなくても、戦前の勲章のように何らかの形で戦死者を英雄視する仕組みを作るにちがいありません。

９条改憲の狙いの背後に隠されているこのような本当の理由と狙いを、正確に見抜くことが必要です。その真の危険性を幅広く知らせていくことこそ、今、緊急に求められているのではないでしょうか。

安倍９条改憲は平和と安全を高めることになるのか

安倍９条改憲論が２０１４年の自民党改憲草案よりも妥協的だからと言って危険でないというわけではありません。今後、安倍９条改憲論に意見集約が図られるでしょうが、その際に忘れてはならない視点をいくつか提起しておきたいと思います。

第1に、安倍9条改憲によって平和と安全を高めることになるのか、という点です。そうはならないということについて、すでに多くの論者が指摘していますし、私もこれまでの論攷で繰り返し問題点を明らかにしてきました。

その一つは「後法優位の原則」によって9条の2項が空文化されること、二つ目には書き込まれる自衛隊は集団的自衛権を一部行使容認となった新たな自衛隊であること、三つ目には朝鮮半島危機が高まっている中での変更は、自衛隊のみならず日本国民全体が戦争に巻き込まれるリスクを高めることなどです。

安倍首相は「何かあったら、命を懸けられるようにする」と、改憲の目的を述べました。つまり、何かあったら米軍とともに戦争できるようにするためであり、それを憲法に明記すれば歯止めが失われ、北朝鮮の敵意を強めて国際テロの標的とされるリスクを高め、極東の平和と日本の安全を損なうことになるでしょう。

北朝鮮をめぐる戦争の危機や偶発的な衝突のリスクが高まっている今だからこそ、このような危機やリスクを高めるようなメッセージを送ってはなりません。自衛隊に憲法上の位置づけを与えて正当化することは、「いよいよ日本もアメリカと一緒に戦争を仕掛けるつもりなのか」と誤解されかねないからです。

自衛隊の災害救助活動を評価して「自衛隊さん、ありがとう」というビラを配っている人もいます。そういう人に言いたい。自衛隊の非軍事的な任務や役割を評価し感謝するのであれば、それに専念できるようにするべきではありませんか。ヒョットしたら戦地に送られ、殺したり殺されたりするリスクを負わされるのではないかという心配や恐れを抱かせるような改憲には断固として反対するべきではありませんか、と。

政治が取り組むべき最優先の課題は改憲なのか

通常の改憲についても、今日の政治が直面している最優先の課題なのか、が問われなければなりません。改憲には、政治のエネルギーも時間も必要であり、国民投票ということになれば、それを実施するための費用が850億円もかかるからです。

2017年12月21日付の『毎日新聞』には「日本の世論」についての調査結果が掲載されています。それによれば、「重視する政策」として回答が多かったのは、「年金・医療」74％、「景気対策」45％、「子育て支援」36％、「外交・安全保障」36％と続き、「憲法改正」21％は8つある選択肢の中で最低になっていました。「9条加憲」については、「反対」50％、「賛成」45％と、反対の方が多くなっています。

つまり、国民は「憲法改正」や「9条加憲」を望んでいないということです。いま政治が取り組むべき課題として重視するべきは、年金・医療、景気対策、子育て支援、外交・安全保障などであり、ここにこそ政治のエネルギー、時間、資金を注ぎ込むべきなのです。

安倍首相が考えているような形で憲法を変えれば、自衛隊が憲法に位置付けられますから違憲ではなくなります。しかし、それで日本の経済を立て直すことができるのでしょうか。国民が重視している年金・医療、景気対策、子育て支援、外交・安全保障などの問題が解決されるのでしょうか。少子高齢化問題が解決され明るい展望が生まれるのでしょうか。

政治が本来取り組むべき重要な課題が別にあるのに、どうして今、改憲なのか。国民が感じているこのような疑問に、改憲を主張する人々は何よりもまず答えるべきではないでしょうか。

国民投票を伴う改憲には膨大なエネルギーや850億円とされる公金が必要となり、最終的には国民全体を巻き込んだ熟議と投票を不可避としています。それほどの政治的エネルギーを憲法に割く必要性や余裕が、果たして今あるのでしょうか。そのようなことで政治のエネルギーが無駄使いされてよいのでしょうか。このことが、問われなければなりません。

経済の立て直しと景気回復こそ最優先で取り組むべき課題だ

アベノミクスの失敗による日本経済の立て直しと景気の回復こそ、日本の政治が最優先で取り組むべき課題だということは明らかです。2017年10月末に発表された『平成29年度版厚生労働白書』によれば、1994年から2014年までの20年間で、世帯主が「働き盛り」の40代で年間所得が300万円未満の低所得世帯の割合が11％から17％へと約1・5倍に増えたことが分かりました。特に、ここ数年の増加率が加速しています。企業収益と賃金のアンバランスが生じ、働き盛りの貧困層が増えているということです。

また、2015年の個人消費は実質国内総生産（GDP）ベースで306・5兆円と、安倍内閣が発足した12年の308・0兆円から1・5兆円縮小しています。2年連続で個人消費がマイナスになりましたが、これは戦後初めてのことでした。

２０１７年６月に総務省が発表した「家計調査報告」によれば、５月の一世帯あたりの消費支出（月）は28万３０５６円で、物価変動を除いた実質で前年同月比０・１％減となりました。15ヵ月連続のマイナスで、比較可能な２００１年以降で過去最長を更新しています。リーマン・ショックの時の14ヵ月連続よりもひどく、個人消費の低迷傾向がハッキリと示されました。個人消費はＧＤＰの６割ですから、アベノミクスで日本経済は大変な危機にさらされているわけです。

さらに、安倍政権になってから実質賃金の低下が４年連続で止まっていません。円安で輸出大企業が儲け、大企業は史上最高益を更新していますが、実質賃金は低下し続け、持てる者と持たざる者との分断が強まり、格差

図9

家計調査報告〔二人以上の世帯〕

－平成29年（2017年）５月分速報－

消費支出

消費支出は，	1世帯当たり 283,056 円	
前年同月比	実質 0.1%の減少	名目 0.4%の増加
前月比(季節調整値)	実質 0.7%の増加	
消費支出（除く住居等※）は，	1世帯当たり 245,534 円	
前年同月比	実質 0.8%の減少	名目 0.3%の減少
前月比(季節調整値)	実質 1.1%の減少	

※：「住居」のほか，「自動車等購入」，「贈与金」，「仕送り金」を除いている。また，実質化には消費者物価指数（持家の帰属家賃を除く総合）を用いた。以下同じ。

1　消費支出の推移

図１　消費支出の対前年同月実質増減率の推移（二人以上の世帯）

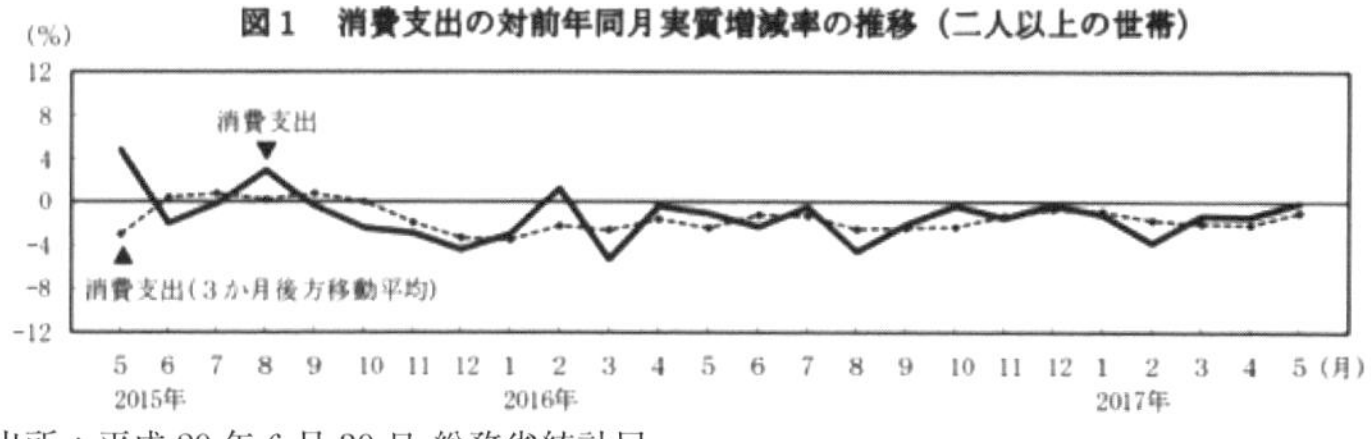

出所：平成 29 年 6 月 30 日 総務省統計局。

は拡大し続けています。大企業の利益は内部留保に向かうばかりで、若干の賃上げがあっても下請けや孫請けの中小企業には回ってきていません。

経済再生こそ最優先にという立場から、安倍首相に対して経済界からの諫言が示されたことがありました。榊原定征経団連会長による「憲法は後でいい」という発言です。榊原会長は「憲法を時代に即したものに変えていく必要性は、一般論としてはその通りです」としながらも、「ただ、経済界からすると、優先順位は憲法ではなく、経済再生」だとし、「『憲法は後にしたってよろしい』と言うくらいのつもりです。経済界としては、このような経済、社会保障、財政の状況にある時期ですから、まさに『経済最優先』の主張を強く発信するところだと思います」と強調していました（『朝日新聞』２０１６年10月７日付）。この発言は２０１６年10月時点のものであり、今もそう考えているかは不明です。

とはいえ、こう発言していた背後には経済界としての強烈な危機意識がありました。榊原会長は日本のＧＤＰ（国内総生産）、世界シェア、国際社会における経済的プレゼンス、人口と生産年齢人口の減少、他方での社会保障給付や医療費、国と地方合わせた長期債務残高などの増加を指摘し、「これほど債務を抱えている先進国はありません。この流れを変えないと、日本はまさに消滅してしまいます」と警告していました。

経団連会長のこの発言は、客観的には安倍首相への経済界からの異議申し立てとなっていました。日本の経済と社会が深刻な危機状況に陥っているのに、相も変わらず「壊憲」に精力を費やそうとしている安倍首相の暴走ぶりが、経済界までも「『憲法は後にしたってよろしい』と言うくらいのつもり」にしてしまったということでしょう。そのような考えを、今もなお持ち続けているのか、榊原会長に問いただしてみたいものです。

3 憲法9条と安保条約とのせめぎあい

戦争加担への「バリケード」としての9条の効用

日米安全保障条約が結ばれてからの安全保障は、二つの矛盾した法体系の下に置かれることになりました。憲法と安保です。憲法9条は戦争を放棄しているだけでなく、「武力による威嚇又は武力の行使」も「国際紛争を解決する手段としては」放棄しました。他方で安保条約によって日本は全土を基地として提供し、日本の施政権下における「共通の危険に対処するように行動する」ため在日米軍の行動に協力することを義務付けています。

この両者は矛盾しています。憲法9条がめざす「力によらない平和」と安保条約が求める「力による平和」のせめぎあいが、ここから生ずることになります。安保条約締結後の安全保障は、安保によって憲法が歪められ掘り崩される歴史を生み出してきました。

改憲論者は直ぐに9条で平和や安全が守られるのかと問います。このような問いが生ずるのは、憲法と安保をめぐる過去の歴史について無知だからです。世界と日本の戦後を振り返ってみれば、9条が持っていた平和と安全を守る力をはっきりと確認することができます。ここではその効用についていくつか指摘しておくことにしましょう。安倍9条改憲は、この9条の効用を失わせてしまうことを意味するからです。

その第1は、戦争加担への「バリケード」としての効用です。戦後の日本は、アメリカが行ってきた間違った戦争への加担を免れてきました。

象徴的なのはベトナム戦争です。この戦争での死者は、アメリカ軍5万7702人、韓国軍4407人、オーストラリア軍475人、タイ軍350人、フィリピン軍27人、ニュージーランド軍26人、中華民国派遣団11人などとなっています。

この数は死者だけです。負傷者はアメリカ人だけで33万人、全体では400万人を超えます。4000人以上の犠牲者を出した隣の韓国とは異なって、日本は自衛隊を派遣せず、死者は1人もいませんでした。戦闘に巻き込まれたりして犠牲者が出なかったのは、湾岸戦争やイラク戦争でも同様です。

イラク戦争で正式に撤退するまでアメリカ軍は4486人の死者を出しました。有志連合の一員として派兵したイギリスは179人、イタリアは33人、ポーランドは23人、ウクライナは18人、ブルガリアは13人などの犠牲者を出しています。このほか、スペイン（11人）、デンマーク（7人）、エルサルバドル（5人）、ジョージア（5人）、スロバキア（4人）、ラトビア（3人）、ルーマニア（3人）、エストニア（2人）、オランダ（2人）、タイ（2人）、アゼルバイジャン、韓国、チェコ、ハンガリー、フィジーが各1人の死者を出しました。

なぜ、韓国をはじめとしたこれらの国々と異なって日本が犠牲者を出さずに済んだのかと言

表5　ベトナム戦争での犠牲者数

南ベトナム軍	18万5528人
南民間人	41万5000人
北・解放戦線軍	92万4000人
北民間人	3万3000人
アメリカ軍	5万7702人
韓国軍	4407人
オーストラリア軍	475人
タイ軍	350人
フィリピン軍	27人
ニュージーランド軍	26人
中華民国派遣団	11人
中国人民解放軍	1119人

出所：三野正洋『わかりやすいベトナム戦争―超大国を揺るがせた15年戦争の全貌』光人社NF文庫、2008年から作成。

えば、それは「憲法上の制約」があったからです。憲法9条の「バリケード」によってアメリカも日本に派兵を要請せず、自衛隊は1人の戦死者も出さずに済みました。

しかし、この「バリケード」も完全ではありませんでした。日本にある米軍基地はベトナム戦争への出撃基地として使用され、日本は米軍の兵站・補給・休養拠点としてベトナム戦争に協力させられたからです。

この戦争では、南ベトナム側で約335万6000人、北ベトナム側で約478万1000人の死者が出ています。この誤った戦争に協力した日本も、これらの人々の死に対して責任を負うべき立場にあり、私たちの手も血でぬれているのです。

しかも、イラク戦争ではアメリカからの要請に応えて海上自衛隊がペルシャ湾、航空自衛隊がバグダッド空港、陸上自衛隊がサマワに派遣されるなど、この「バリケード」は徐々に崩されてきています。それでも派遣先が「非戦闘地域」で非軍事的な任務に限定されるなど、自衛隊員の命を守る点で9条の「バリケード」はそれなりに機能してきたことは明らかです。

自衛隊の増強や防衛費の増大への「防壁」としての9条の効用

第2は、自衛隊の増強や防衛費の増大への「防壁」としての効用です。憲法9条によって日本は「軽武装国家」であることを義務付けられ、これを超えるような軍事力の拡大が抑制されてきました。

その量的な制限は「GNP比1%枠」であり、防衛費は基本的にこれを超えないような額に抑えられてきました。質的な制限は国是としての「専守防衛」であり、空母などの攻撃的な兵器は保有できないという政策上の歯止めです。「非核3原則」や「武器輸出3原則」なども、日本の軍事大国化を阻むための憲法上の制約となってきました。これが憲法9条による「平和の配当」となって、日本の財政が軍備増強に費やされ浪費されることを防ぎ、民生中心の高度成長を実現することができたのです。

しかし、安倍政権の下でこのような「防壁」も崩されつつあります。それまで減少し続けてきた防衛費は、安倍政権が発足した2012年の4兆6543億円をボトムに反転し、その後増加して来年度予算では5兆1911億円（前年度比660億円増）となり4年連続で過去最大を更新しました。

米軍から提供される機密情報を守るために特定秘密保護法を制定し、安保法制の成立によって米軍とともに海外で闘うことができる集団的自衛権が一部行使容認となり、「専守防衛」の国是に風穴があけられました。敵基地攻撃に転用可能な巡行ミサイルやステルス戦闘機。オスプレイの購入、ヘリ空母の通常型空母への改修なども計画されていると伝えられています。すでに「武器輸出3原則」は「防衛装備移転3原則」に変えられ、武器の原則的な輸出禁止から容認へと方針転換が図られました。米軍との共同作戦や訓練の点でも、日本海での米原子力空母や戦略爆撃機との共同訓練、黄海での海上自衛隊による警戒監視活動など法的根拠があいまいな日米一体化が進行し、「戦争できる国」に向けての既成事実づくりが着々と進行しています。

国際テロ活動に対する「バリアー」としての9条の効用

第3は、国際テロ活動に対する「バリアー」としての効用です。欧米の先進国とは異なり、日本では思想的な背景を持った国際的な武装組織によるテロ事件が起きていないという事実が、このようなバリアーの存在を示しています。

「オウム真理教事件」という国内組織によるテロ事件はありましたが、それは国際テロとは別物で、しかも20年以上も前のことになります。ホームグローンテロ（イスラム国など国外の過激思想に共鳴した国内出身者によるテロ）とも、ローンウルフ（特定の組織に属さず個人行動を起こすテロリスト）とも、これまで無縁であった稀有の国がこの日本なのです。

それればかりでなく、ある時点までは外国でも日本の企業や日本人がテロリストに狙われ、犠牲となる例はありませんでした。中東地域を植民地として支配したことはなく、アラブ世界との関係は良好で、アメリカと戦い広島・長崎に原爆を落とされた過去と戦争放棄の憲法を持つ「平和国家」であるというイメージが「平和ブランド」となり、テロに対するバリアーとして大きな力を発揮してきたからです。

しかし、イラク戦争への自衛隊派遣が転換点となり、その後、このバリアーも失われつつあります。このとき、自衛隊の撤退を要求する現地の武装組織によって高遠菜穂子さんなど3人の日本人が拘束され、その後解放されました。残念ながらその後捕まった香田証正さんは殺害されてしまいました。

その後も、2013年のアルジェリアでの日揮社員10人が殺された日本企業襲撃・殺害事件、2015年のIS（イスラム国）による後藤健二さんら2人の日本人殺害事件が起き、2016年にはバングラディシュの首都ダッカでのレストラン襲撃事件に国際協力機構（JICA）の職員など7人が巻き込まれて殺害されています。襲われたうちの1人は「私は日本人だ」と叫んだそうですが、攻撃を避けることはできませんでした。

2015年9月19日に安保法制が成立していますが、その翌10月にもバングラディシュで農業指導に携わっていた60代の日本人1人が現地のIS支部を名乗る武装集団に襲われ殺害されるという事件が起きました。これらの事実は、米軍とともに「戦争できる国」になることが海外にいる日本人の安全を高めたのではなく危険にさらす結果となったことをはっきりと示しています。安倍首相が意図している9条改憲は、平和と安全を守るうえで発揮されてきたこのような効用を失わせることになります。それで良いのでしょうか。

戦後、70年以上かけて営々として築いてきた「平和国家」としてのイメージやブランドを失うことが、「新しい時代への希望を生み出すような、憲法のあるべき姿」（年頭会見での安倍首相の発言）なのでしょうか。戦後の世界と日本の歩みをきちんと振り返ることによって、憲法9条が果たしてきた役割や意義、その効用を再確認することが、今ほど必要なときはありません。

戦前の日本が大きな過ちを犯したことは否定しようのない歴史的な事実です。同じように、戦後のアメリカが大きな間違いを犯してきたことも、まぎれもない歴史的な事実ではありませんか。アメリカはベトナム戦争という大きな間違いを犯しました。中南米やアフリカ諸国、イラクやアフガニスタンなどの中東諸国に軍隊を送って武力介入し、紛争と混乱を拡大してきました。

このようなアメリカの間違いに日本が基本的に巻き込まれなかったのは、9条という「憲法上の制約」があったからです。自衛隊の存在を明記することはこの制約を取り払うことになります。安保法制の整備や9条改憲によって、安倍首相は戦後においてアメリカが犯してきた間違いを後追いしようとしています。そうすれば結局、同じ間違いを犯すことになってしまうのだということが、どうして分からないのでしょうか。

安全に対する脅威が拡大し国民の不安が増大している

安倍9条改憲は極東の平和と日本の安全にとってプラスになるどころか大きな脅威となり、

外交・安全保障の面でも重大な失敗をもたらすことになります。それは安保体制と日米同盟を背景とした憲法理念の破壊であり、百害あって一利なしの「壊憲」にほかなりませんが、実行される前にすでに多くの実害が生じています。

第1に、安全に対する脅威の拡大と国民の不安の増大です。政治の要諦は人々の暮らしを守り、安心して毎日を送ることができるようにすることですが、安倍政権はこの最も重要な責任を果たしていません。

安保法制の制定に際して、安倍首相は日米同盟の絆が強まれば日本周辺の安全保障環境が改善されると請合いましたが、実態は全く逆になっています。かえって、核・ミサイル実験の回数が増えるなど北朝鮮による反発と日本への敵視が強まり、国民の不安は高まるばかりではありませんか。

安倍首相は米朝対立の激化を弱めるために説得や仲介の労をとろうとしないばかりか、「対話よりも圧力」を主張して北朝鮮との不和と対立を煽り立ててきました。2017年12月26日付の『毎日新聞』に、「戦前のような怖さを感じる」として、「安倍さんはできれば戦える自衛隊にしたいのだろう」という田原総一朗さんの言葉が出ていましたが、このような「怖さ」は国民の多くが感じていることではないでしょうか。

内政面では将来への不安を高め、対外政策では戦争への不安を強めてきたのが安倍政権の5年間でした。このように、国民を安心させるのではなく不安を高めてきたという点だけでも、安倍首相には為政者としての基本的な資質が欠落していると言わなければなりません。

しかも、安倍政権の下で米軍との軍事的一体化が進み、在日米軍の訓練や集団的自衛権の行使のための日米合同軍事演習が拡大してきました。2018年2月26日付の『しんぶん赤旗』は、「今年国内で実施された陸上自衛隊と米軍による共同演習は、米軍参加が大幅に拡大し、海兵隊のMV22オスプレイが列島全域を飛行するなど、実践を想定したものへ激化し……演習の拡大が地域の緊張を一層高めてい」ると指摘しています。

ここで注目されるのは、航空自衛隊や海上自衛隊だけでなく「陸上自衛隊」と「海兵隊」や「陸軍」との訓練も行われていたことです。演習に参加した主力部隊は「第4海兵連隊に配属された歩兵大隊」であり、それは「アジアでの緊急事態に対応する陸上戦闘部隊司令部」で、実施されたのは「長距離機動展開訓練」だったといいます。日本に対する着上陸型侵攻への防御ではなく、朝鮮半島などのアジア諸国での「陸上」戦闘を想定していることは明らかです。

米軍と米軍基地によってもたらされてきたこれだけの被害

第2に、このような米軍と米軍基地の存在は、基地周辺の地域、とりわけ沖縄での具体的な被害を生み出してきました。最近でも、オスプレイやヘリコプターの墜落・不時着、保育園や小学校への部品や窓の落下など、大事故に結びつく可能性のある事件が発生しました。2016年4月には沖縄県うるま市で元米海兵隊員の軍属が女性を殺害するなど、米軍人や軍属による犯罪も頻発しています。このような事件や事故こそ、米軍の存在によって発生している現実であり、具体的な損失にほかなりません。

在日米軍の兵士や軍属らによる事件・事故は、旧日米安保条約が発効した1952年度から2017年9月末までで21万1104件、日本人の死者は1092人に上っています。この数は日米地位協定18条に基づく損害賠償のために防衛省が把握しているものです。1952年度以前と本土復帰前の沖縄は含まれず、被害者が損害賠償を請求しなかった事件も多数ありますから、実際にははるかに多いとみられています。在日米軍の存在によって、これだけの被害が生じてきたということをどれだけの日本人が知っているでしょうか。

また、地位協定18条に基づいて公務中の事件・事故に対して日本側が支払った賠償額は累計約92億円に上ります。実際の金額はさらに多いと見られています。このような費用も、思いやり予算と言われる米軍駐留経費の負担とともに国民の税金から支払われているものです。1000人を上回る死者も約100億円に上る費用も、米軍基地がなく米軍が存在していなければ発生しなかったものです。これこそ、日米安保体制によって生み出されている実害そのものではありませんか。

防衛費は増加し続け生活を破壊している

第3に、この間の安倍政権が進めてきた軍事力の拡大による国民生活の破壊という大きな問題もあります。第2次安倍政権になってから、武器輸出禁止を解禁し、ODAの軍事転用を認め、民間企業の武器輸出の窓口を担う防衛装備庁を発足させ、大学や研究者を軍事研究に動員するために防衛省ひも付きの研究を募集するなど、アメリカの肩代わりを買って出る軍事体制づくりが進められてきました。そのための財政負担は全て国民に押し付けられています。

安倍政権になってから防衛予算は毎年増え続け、買いこまれる装備などの内容も「防衛」にとどまるのかという疑念を強め、周辺諸国の反発と警戒心を高めるものになっています。主な装備では、F35戦闘機42機（1兆2000億円）、オスプレイ17機（3600億円）、ホークアイ早期警戒機4機（2040億円）、イージス艦2隻（1800億円）、グローバルホーク無人偵察機3機（1440億円）、KC46Aペガサス空中給油機3機（621億円）などの購入計画が明らかになっています（『東京新聞』2017年12月23日付）。

2018年度予算案では前年度比1・3%増の5兆1911億円（在日米軍再編関連経費などを含む）を計上し、6年連続の増額で過去最高になりました。地上配備型の弾道ミサイル迎撃システム「イージス・アショア」の設計費（7億円）や戦闘機用の長射程巡航ミサイル導入（22億円）、新型の迎撃ミサイル「SM3ブロッ

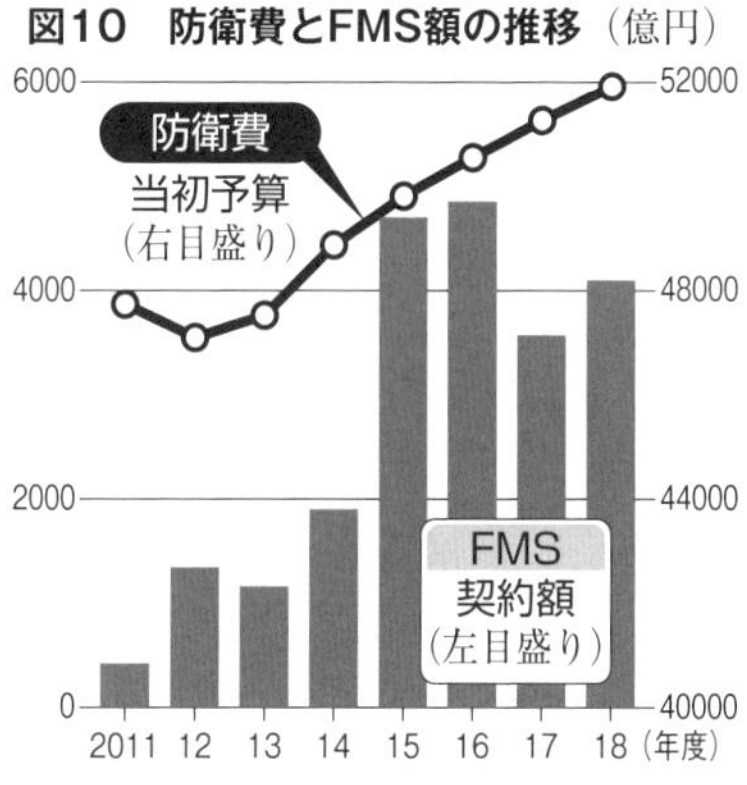

出所：『東京新聞』2017年12月23日。

ク2Ａ」の取得に４４０億円、警戒管制システムを47億円で改修、巡航ミサイルを迎撃できる「ＳＭ６」ミサイルの試験弾も21億円、新型護衛艦２隻の建造に９２２億円、最新鋭ステルス戦闘機Ｆ35Ａを６機（７８５億円）、輸送機Ｖ22オスプレイを４機（３９３億円）などが主な内容です。

しかも、こうした米国製兵器購入がＦＭＳ（対外有償軍事援助）方式で買わされていることも大きな問題です。これは価格も取引条件もすべてアメリカの都合で決まる方式で、それをのまなければ武器売却はしません。この額も安倍政権になってから倍加しました。

しかも、このＦＭＳをめぐっては、装備納入後も米側が日本から受け取った前払い金の精算をしていない取引が２０１６年度末時点で１０００億円を超えていることが分かりました。米側が為替変動などを見込んで多めに前払い金を見積もっているためで、年間数十億円にのぼる余剰金返還の先送りが常態化しているといいます。

予算案は総額が決まっていますから、どこかを増やせばどこかを削ることになります。生活保護の支給額から食費や光熱費や母子加算費などを削って3年間で１６０億円を削減する結果、１人親世帯に支給する生活扶助額は受給世帯の67％で減額となります。これが大きな批判を浴びていますが、２１１億円のオスプレイを一機減らせば十分に賄える金額ではありませんか。

こうして国民の生活が脅かされ、生活支援のためのお金が軍事によって食いつぶされていくことになります。北朝鮮はミサイルなど打ち込まなくても、その脅威を煽り立てて安倍首相が軍事費を増やし続けていけば、日本の社会と国民の生活を破壊することができるというわけです。

来年度予算で設計費が計上されている「イージス・アショア」は完成まで5年かかり、総額は2000億円にも上ります。これからまだ5年間も、このような対立と緊張の関係を続けていくつもりなのでしょうか。そのような関係を改善し緊張を緩和することによって軍事対応の費用を節約し、国民の福祉と生活支援に回すことができるような国際環境をつくらなければなりません。それが憲法9条の指し示す道であり、最優先で取り組まなければならない課題でしょう。

4 安倍9条改憲を阻止するために

一般的な「改憲」と安倍「壊憲」の区別が重要だ

総選挙の結果、与党は衆院で3分の2以上の議席を確保しました。改憲勢力とされる議員の数は374議席で83%を占めるという報道があり、大きな衝撃を与えました。早速、安倍首相は憲法審査会での議論の促進を求め、野党第一党が賛成しなくても発議するかのようなそぶりを示しました。こうして、改憲をめぐる攻防はまさに「激突」の段階を迎えようとしています。「憲法をどうするのか」というテーマが、日本政治の主要な争点として浮かび上がってきました。

改憲とは憲法の条文を書き換えることですが、どのような内容に書き換えても良いということではありません。そこには限界があります。憲法の3大原理とされる国民主権、基本的人権の尊重、平和主義を踏み越えるような改憲は許されないからです。

現行憲法の前文には、「これは人類普遍の原理であり、この憲法は、かかる原理に基くものである。われらは、これに反する一切の憲法、法令及び詔勅を排除する」と書かれています。ここで言う「原理」こそが憲法の3大原理であり、今日の日本が到達した自由で民主的な平和国家としての国の形を壊すような「壊憲」は許されません。

戦後、何回も憲法を書き換えてきたドイツの基本法（憲法）にも改憲についての限界が示されています。その枠内での改憲であったことを忘れてはなりません。第79条は第1条と第20条に定められている諸原則に抵触するような改正は許されないとし、人間の尊厳、人権、民主的かつ社会的連邦国家という原則を明示しています。それが破られようとするときには「抵抗権を有する」としているように、基本法の諸原則を「壊す」ような「壊憲」は、ドイツ憲法によっても排除されているのです。

※　　※　　※　　※

●日本国憲法前文

これは人類普遍の原理であり、この憲法は、かかる原理に基くものである。われらは、これに反する一切の憲法、法令及び詔勅を排除する。

●ドイツ基本法の場合

基本法79条　第1条および第20条に定められている諸原則に抵触するような、この基本法の改正は、許されない

第1条　人間の尊厳は不可侵である。これを尊重し、および保護することは、すべての国家権力の義務である。

（2）ドイツ国民は、それゆえに、侵すことのできない、かつ譲り渡すことのできない人権を、世界のあらゆる人間社会、平和および正義の基礎として認める。

第20条　ドイツ連邦共和国は、民主的かつ社会的連邦国家である。すべてのドイツ人は、この秩序を除去しようと企てる何人に対しても、他の救済手段が存在しないときは、抵抗権を有する

※　※　※　※

ここで大切なことは、「改憲勢力」とは何か、という点です。その内容はバラバラであり、必ずしも安倍首相がめざしている9条改憲論で統一されているわけではないという点が重要です。憲法は「不磨の大典」ではなく、96条に改憲手続きが定められているように、条文の書き換えによる「改正」は否定されていません。しかしその場合でも、憲法理念を破壊する「壊憲」は許されず、国民主権を否定する天皇元首化や基本的人権の尊重に抵触する緊急事態条項の新

設、平和主義を破壊する自衛隊の書き込みなどは、「改正」ではなく「新憲法の制定」を意味すること、安倍9条改憲はこのような「壊憲」であって断固阻止しなければならないことをはっきりさせなければなりません。

つまり、公明党の言う新しい人権などを付け加える加憲論、維新の会が求めている教育の完全無償化、希望の党などが主張している地方自治の拡充、立憲民主党が掲げている解散権の制限など立憲主義の強化などと、安倍首相がめざしている9条改憲や緊急事態条項、法の下の平等を掘り崩す参院での合区解消論などは根本的に異なっており、これらをごっちゃにして「改選勢力」として位置付けることは間違いなのです。

この違いを明らかにして、一般的な憲法の改正を意味する「改憲」と、現在の時点で安倍首相が行おうとしている憲法理念の破壊である「壊憲」を区別する必要があります。安倍首相のめざしている「壊憲」の危険性を浮き彫りにし、他の「改憲」論との間に楔を打ち込んで安倍9条改憲論を孤立させなければなりません。

国会議員の分布では、確かに改憲に賛成する議員は8割を超えていますが、9条の1項と2項をそのままにして新たに自衛隊の存在を書き込むという安倍首相の改憲案に賛成する議員は54%です（『毎日新聞』10月24日付）。過半数は超えていますが、改憲発議に必要な3分の2の多数を占めているわけではありません。世論調査では自衛隊の明記に52%が反対しており（共同通信調査）、国民の中では安倍9条改憲論は少数派です。

安倍９条改憲の前途に横たわる４つのハードル

このように安倍首相は改憲論議を急ぐ意向を示し、自民党は憲法改正推進本部を先頭に準備を進めています。しかし、そこには多くの弱点があり、数々のハードルが存在しています。

改憲に向けての第1のハードルは自民党内にあります。自民党の憲法改正推進本部は２０１７年11月8日に衆院解散で中断していた党内論議を再開すると決め、年内にも自衛隊の存在明記などをめぐる意見集約を図って、来年の通常国会で発議を目指す方針を確認しました。

しかし、自衛隊の存在明記をはじめ党内で意見の隔たりが大きい項目があるため、先行きは不透明でした。自民党内では自衛隊明記に75％が賛成していますが、12年の改憲草案で示した「国防軍の明記」を支持する意見も根強く存在しています。代表的なのは石破茂元防衛相ですが、同様の意見が14％に上るという調査があります（前掲『毎日新聞』）。

細田博之本部長は記者団に「国民全体、国家全体の問題だから、自民党主導でどうこうということではない。いろいろな協議を重ねないといけない」と語り、他党との合意形成に取り組む意向を示しています。何よりも、公明党の同意を得て与党の体制を整えることが必要ですが、その公明党は腰が引けています。

つまり、第2のハードルは与党内に存在していました。総選挙で不振だった公明党は、安倍首相を強く支持する姿勢や憲法論議での対応が支持者の不信感や混乱を招いたと総括文書の原案で指摘していました。今後は安倍政権に対するブレーキ役として存在感を示す必要性があるというわけです。

山口那津男代表は11月7日の記者会見で「憲法は国会が舞台。与党間で何かやることを前提にしているわけではない」と指摘するなど、自民党が求めている与党協議に応じる気配はありません。しかも、11月12日放送のラジオ番組で、改憲の国会発議には衆参両院の3分の2以上の賛成が必要となる点に触れ「それ以上の国民の支持がある状況が望ましい。国民投票でぎりぎり（改憲が承認される）過半数となれば、大きな反対勢力が残る」と述べ、国民の3分の2を超える賛同が前提となるという認識を示しました。

斉藤鉄夫幹事長代行も2017年12月20日のラジオ日本の番組で、「7割、8割、9割の国民が合意するような争点を提案することが非常に大事だ」と語り、「国論を二分する国民投票になってはいけない」として賛否が分かれる改憲項目の発議に慎重な姿勢を示しました。

また、8割の改憲勢力についても、山口代表は「改憲を否定しない勢力とは言えるが、主張に相当な隔たりがあるし、議論も煮詰まっていない」と指摘しています。公明党にはもともと「野党第一党を巻き込むべきだ」という考えが強く、自民党内にも憲法族を中心に同様の意見がありました。このような山口代表の発言は、これに加えてさらに改憲のハードルを引き上げることを意味しています。

こうして、第3のハードルが登場します。野党の状況です。共産党や社民党ははっきりと改憲に反対しており、野党第一党の立憲民主党も安倍首相が進めようとしている9条改憲には反対の姿勢を示しています。

希望の党や維新の会も改憲勢力とされていますが、改憲と安保法の支持という「踏み絵」を踏んだはずの希望の党の当選議員のうち、安倍改憲に72・5％が反対し、2020年改正施行にも66・9％が反対していました（共同通信調査）。玉木代表も安倍9条改憲については反対だと明言し、2018年1月26日の両院議員懇談会で明らかにされた安全保障と憲法に関する党見解では、安保関連法の「武力行使の新3要件」の削除が盛り込まれ、安倍首相の改憲案については「反対」と明記されています。

そして、第4のハードルは世論の動向です。共同通信社による世論調査では、憲法に自衛隊を明記する安倍首相の提案に反対は52・6％で、賛成38・3％を上回っています。安倍首相の下での憲法改正には50・2％が反対で、賛成は39・4％と少数です。

『毎日新聞』の世論調査でも、改憲発議について「急ぐべきだ」は24％にすぎず、「急ぐ必要はない」という回答が

表6　自衛隊明記に関する主な世論調査の結果

※各項目は回答の選択肢

毎日新聞（20、21日）	
■憲法9条の1項と2項はそのままにして自衛隊を明記する	31%
■憲法9条の2項を削除して自衛隊を戦力として位置付けする	12%
■自衛隊を憲法に明記する必要はない	21%
■わからない	27%
読売新聞（12～14日）	
■9条2項を維持し、自衛隊の根拠規定を追加する	32%
■9条2項は削除し、自衛隊の目的や性格を明確にする	34%
■自衛隊の存在を憲法に明記する必要はない	22%
NHK（6～8日）	
■戦力の不保持などを定めた9条2項を維持して、自衛隊の存在を追記する	16%
■戦力の不保持などを定めた9条2項を削除して、自衛隊の目的などを明確にする	30%
■憲法9条を変える必要はない	38%

出所：『毎日新聞』2018年1月24日付。

66％に上っています（『毎日新聞』11月14日付）。安倍首相は11月1日の記者会見で、自民党内で具体的な条文案の策定を急ぐ考えを示しました。しかし、『毎日新聞』２０１８年1月24日付が「各社世論調査　9条改正　「自衛隊明記」理解進まず」という記事で紹介したように、国民の理解は広がっていません。

２０１８年秋の臨時国会が最大のヤマ場になるのでは？

総選挙後の２０１７年10月23日、安倍首相は記者会見で改憲について言及し、「公約に沿って条文について党内で議論を深め、党としての案を国会の憲法審査会に提案したい」と語りました。「与党で3分の2をいただいたが、与党だけではなく幅広い合意形成が必要。国民投票で過半数を得るべく努力したい」とし、「スケジュールありきではない」とも述べています。同時に、野党第一党となった立憲民主党が自衛隊明記などの首相提案を厳しく批判している点について問われた首相は、「合意形成するための努力をしていく」としたものの、「政治であるから、皆さま全てにご理解をいただけるわけではない」と発言しました。これは「協議の行方次第では、合意できる党だけで発議をめざす可能性を想定した発言」だと報じられています（『朝日新聞』２０１７年10月24日）。

こうして、再び、安倍首相は改憲に向けてのアクセルを踏み込みました。このような首相の意向に沿った形で改憲論議が進むと見られています。しかし、そのスケジュールはかなり厳しいと言って良いでしょう。

改憲を実施する場合、発議後60～１８０日の間に国民投票を実施することになっています。その日程としては、①18年通常国会で発議し秋に投票、②18年秋の臨時国会で発議し19年３月までに投票、③19年３月までに発議し７月参院選と同日選で投票、④20年通常国会で発議し五輪後の秋に投票という４つのケースが考えられます。

しかし、このうち最初のケースは自民党内ですら原案ができていない現状では間に合いません。３番目は４月の統一地方選挙や天皇の代替わり、改元と重なります。４番目も五輪とパラリンピックを挟むことになりますから、国論を二分しての国民投票を実施することは不可能でしょう。

こうしてみれば、事実上、可能性が残されているのは②の18年秋の臨時国会で発議し19年３月までに投票するというケースだけです。これを実施不可能に追い込めば、安倍９条改憲を阻止することができます。18年秋の臨時国会が最大のヤマ場になるということです。

このような厳しいスケジュールに焦って、与野党の合意を軽視して強行採決などで発議すれば、国民の批判と反発が高まります。その後の国民投票では、改憲の内容だけでなく強引な手法についても判断の材料とされ、改憲推進勢力にとっては不利になります。安倍首相としては、急ぎたいけれど強引になって反発を受けるようなやり方は避けなければならないというジレンマに直面せざるを得ません。

２０１８年末までに改憲発議をさせなければ、安倍９条改憲の危機を突破することができます。それ以前であっても、安倍首相を総理の椅子から引きずり下ろしたり３選を阻んだりすれば、改憲の危険水域から脱けだすことができます。長く見積もってみても、2019年夏の参院選までが改憲をめぐる「激突」の山場ということになるでしょう。

国民投票法の欠陥を是正することの方が先決だ

国民投票法は、正式には「日本国憲法の改正手続に関する法律」と言って2007年5月14日に成立し、5月18日に公布されました。この法律は国会への憲法改正原案の発議について、①憲法審査会を国会に設置して改正原案について審理を行う、②改正原案は衆議院100人以上、参議院50人以上の賛成で国会に提出できる、③原案の発議は内容において関連する事項ごとに区分して行う、としています。

また、国民投票については、①投票権者は18歳以上の日本国民、②国会発議後60〜180日間に国民投票を行う、③有効投票の過半数の賛成で改正原案は成立、④公務員や教員の地位を利用した投票運動を禁止する、⑤テレビ・ラジオによるCMは投票日の2週間前から禁止する、などを定めています。

国会での改憲発議や国民投票の実施について、可能性が高まってくるにしたがって注目を集めているのが国民投票法の欠陥です。これには、大きく分けて二つあります。一つは投票の成立要件である最低投票率や絶対投票率が定められていないということであり、もう一つは自由な意見表明のために規制は最小限とされ、通常の選挙では禁じられている戸別訪問や署名運動もできるだけでなく、テレビ・ラジオでのCMが無制限に流される可能性があるという点です。

第1の成立要件については、少なくとも有権者の一定程度以下を下回る投票率では成立しないという条件を付けるべきでしょう。投票したうちの過半数が賛成すれば成立しますが、その投票数が過半数以下で絶対得票率（有権者内での投票割合）が極めて低いということになれば、有権者の4分の1以下の賛成でも改憲が可能となってしまいます。

第2の選挙運動については、投票の14日前からは「賛成・反対を呼びかけるテレビCM放送は禁止」されますが、それ以前なら賛否を呼びかけるCMを自由に流すことができますし、著名人が「私は改憲に賛成です」と表明するような「意見表明CM」は投票日当日まで許されています。資金力が豊富な改憲勢力が圧倒的に有利となり、強力なキャンペーンを展開できることになります。

これについても、広告費に上限を設ける、放送回数や広告の回数を平等にする、第三者委員会で監視する、などの規制が必要でしょう。イギリス・フランス・イタリアなどのようにテレビでのCMを認めず、意見表明できる番組枠を賛否両派に提供するというやり方もあります。

もし、本気で国民投票を実施するなら、その正当性を担保できるような制度設計にも取り組むべきでしょう。現行制度の欠陥を是正し、公平で公正な投票制度に改正することこそ先決問題ではないでしょうか。一方にとって有利になるようなことなく、投票キャンペーンの公平性を保障できるような制度に変えなければなりません。今のままでは、たとえ国民投票が実施されても、その結果について多くの国民が納得できないということになりかねないのですから。

私たちはどうするべきなのか

安倍9条改憲阻止に向けては、憲法96条で規定されている改憲論一般とは区別し、安倍首相が目指している9条改憲の違憲性と問題点を暴露し孤立させることが必須の課題です。そのためにも安倍9条改憲の狙いを明らかにし、反対世論を広げていくことが重要です。安倍9条改憲NO!市民アクションが提起している3000万人署名を核として国民的な運動を盛り上げ、たとえ国民投票を行っても勝てる見通しを持てなくすることで、改憲発議を断念させなければなりません。

そのためには、第1に、安倍9条改憲へのハードルをどんどん引き上げていくことです。私たちの運動で反対世論を増やしていけば、これらのハードルを高くすることができます。反対世論を目に見えるようにするという点では集会などの抗議行動や署名運動が有効です。官邸前や国会周辺だけでなく全国の津々浦々で、可能な形での安倍9条改憲に反対する集会やデモ、パレード、スタンディングなどに取り組むことです。安倍9条改憲NO!全国市民アクションが呼びかけている3000万人署名運動も、反対世論を具体的な数で示す点で大きな意義があります。

第2に、現行憲法に対する国民的な学習運動を幅広く組織することです。安倍首相による改憲に向けての働きかけが強まり、国会で憲法審査会を舞台にした議論が始まれば、報道される機会が増え憲法に対する国民の関心は高まるにちがいありません。これは憲法の意義や重要性について学ぶ絶好のチャンスでもあります。憲法に対する理解が深まれば、改憲に反対する大きな力となるでしょう。

第3に、市民と立憲野党との連携を深め、草の根での改憲反対の運動を広げていかなければなりません。市民と野党との共闘は総選挙での経験と立憲民主党などの新党の結成によって新たな可能性が生まれてきています。民進党から分かれた立憲民主・希望・民進・無所属の4党・会派と共産・社民・自由の各党は国会内での連携を図りつつあります。国会審議において力を合わせながら国会外での運動とも連携し、安倍9条改憲に反対する草の根の共同を幅広く追求することが重要です。

これらの活動においては、いかに世論を変えていくかという視点を貫かなければなりません。当面は国会での改憲発議を阻止することですが、最終的には国民投票によって決着が付けられることになります。そこで多数を獲得できるという見通しが立たなければ、改憲への動きをストップさせることができます。各政党の対応を左右するという点でも、世論の動向は決定的な意味を持ちます。

ヨーロッパ連合（EU）からの脱退か残留かを問うイギリスの国民投票では離脱への賛成票が上回り、残留を主張していたキャメロン首相は辞任しました。イタリアでも上院の権限を大幅に縮小する憲法改正案についての国民投票が実施され、反対票が多かったためにレンツィ首相が辞任に追い込まれています。日本でも同様の結果が予想されるという状況になれば、安倍首相はあえて冒険を犯すことを避けるにちがいありません。

むすび

危機（ピンチ）は好機（チャンス）でもあります。安倍9条改憲に向けての危機の高まりを、憲法への理解を深め憲法を活かす政治を実現する好機としなければなりません。安倍首相が2020年までに改憲施行することをめざすというのであれば、たんに改憲を阻止するという受け身の運動にとどまらず、政治と生活に憲法の原理と条文を具体化できる政府の樹立に向けての攻勢的な運動の期間としようではありませんか。

自民党は憲法改正推進本部を中心に、改憲案の策定を進めてきました。すでに、合区解消と教育条件の整備についての改憲案をまとめ、非常事態への対応についての改憲案のとりまとめは細田座長に一任されました。安倍首相が狙う「本丸」である9条の改憲案は本書執筆の時点ではまだまとまっていません。3月25日の党大会までに原案をまとめるとされていますが、先行きは不透明です。

安倍首相は今後、ますます改憲に向けての攻勢を強めてくるにちがいありません。国民の関心が高まり、心ある人々の危機感も増大するでしょう。憲法はそれほど身近ではなく、とっつきにくいと思われることも少なくありません。しかし、国会の憲法審査会で議論が始まり、与野党の対立が強まったり反対運動が高揚したりすれば、身近な話題としてマスメディアなどでも取り上げられるようになります。

この機会をとらえて国民に幅広く訴えていくことができれば、今まで以上に憲法を身近に感じてもらえ理解を広げることができます。署名を中心にしながら、多様な運動の展開に努めることが重要です。その核として重視すべきは、憲法についての国民的な学習運動でしょう。

このような取り組みを通じて国民の憲法への理解と認識が高まり、その結果として安倍9条改憲が挫折するというのが最も望ましいシナリオです。そのシナリオが実現できるかどうかに、アジアの平和と日本の未来がかかっていると言っても過言ではありません。

そして、この「最も望ましいシナリオ」が実現するチャンスが訪れました。森友学園による土地取得関連の決済文書の改ざんが発覚し、安倍政権がピンチに陥ったからです。安倍改憲ノーと安倍政権ノーを結び付けて車の両輪とし、相乗効果を生み出すことによって安倍政権を打倒すれば、9条改憲の野望を打ち砕くことができます。

総選挙の結果継続された安倍「一強体制」に、恐れず、ひるまず、あきらめず、9条改憲をめぐる新たな攻防に向けて立ち上がりましょう。「憲法は変えるのではなく活かす」という旗を掲げながら。

第二部　安倍暴走政治と国民の怒り

衆参両院での「一強多弱」の下、共謀罪法案の強行採決、森友・加計学園疑惑からの逃亡、国会審議の空洞化、政治や行政の私物化と劣化、政治の退廃と混迷など、多くの問題点が表面化し、安倍首相は2017年7月の東京都議選で手厳しい審判を受けました。第二部では、安倍政権による暴走と与野党間の激突の軌跡を振り返ってみることにしましょう。

第4章　政治・行政の劣化と都議選

はじめに

「こんな人たちに、私たちは負けるわけにはいかないんです。」

都議選の最終盤、秋葉原駅前での唯一の街頭演説で放った安倍首相の言葉が、これでした。「帰れ」「安倍ヤメロ」とコールして自分を批判する人々を指さし、「こんな人たち」と言って非難したのです。

総理大臣は全ての国民を代表し、批判的な人々も含めてあらゆる国民に責任を負って国をリードする立場にあります。支持者や一部の仲間だけでなく、全ての国民を視野に入れ、その生命と生活を守り、国全体をまとめ統合するという役割を担っているはずです。

それなのに、自分を批判する人々を「こんな人たち」とひとくくりにし、「私たちは負けるわけにはいかない」と対抗心むき出しにして非難したのです。国民を線引きして自ら分断を持ち込んだということになります。「敵」と「味方」を色分けし、「敵」に対しては厳しく「味方」や「お仲間」には優しいアベ政治の本質が顕われた瞬間でした。

国会での審議でも、安倍首相は「こんな人たち」と思い込んだ批判者に対し、強い敵意をむき出しにヤジを飛ばしたりして攻撃的な対応に終始してきました。批判する人々や野党の背後にも、多くの国民がいるということを忘れているようです。批判者に対してきちんと答えることを通じて、その背後にいる国民にも理解してもらえるような丁寧な政権運営を行うというのが、本来あるべき姿ではありませんか。

他方で、安倍首相は「味方」である「私たち」の仲間や身内を大事にしてきました。第一次安倍政権は「お友達内閣」と言われ、今年の通常国会でも親しくしてきた知人や友人を特別扱いしたり優遇したりしたのではないかとの疑惑が持ち上がりました。しかし、疑惑に答えることなく、共謀罪法案の強行採決を行ったうえで強引に幕引きを図ってしまいました。

都議選での歴史的な敗北は、安倍首相に都民が「ノー」を突きつけた結果であり、その敗因の一つは国会運営のあり方や国政への批判です。共謀罪の強行採決が象徴しているように、かつてない異常な国会でした。通常国会では、この共謀罪をめぐる与野党の攻防と「森友」「加計」という二つの学園疑惑が焦点だったと言えるでしょう。

国会での審議を通じての特徴は、政治・行政の劣化とそれへの国民の不信が明確になったということです。情報管理のあり方や国連からの批判、多数党の横暴や行政権の肥大化、マスメディアの変容など、現在の日本の政治や行政が抱えている問題、アベ政治の退廃と混迷も露わになりました。

都議選での自民党惨敗は都民によるアベ政治への明確な審判でしたが、何に対して、どのような審判を下したのでしょうか。都議選に先立つ通常国会では、どのような問題が明らかになったのでしょうか。政治と政治家の劣化、行政の劣化という側面に焦点を当てながら、このような問いへの答えを探してみましょう。答えが見つかれば、それを是正するにはどうすべきなのかも明らかになるにちがいありません。

1 都議選の結果をどう見るか

自民党はかつてない歴史的な惨敗を喫した

2017年7月2日に投開票された都議選の結果は、別表の通りでした。ついに噴き出した

「怒りのマグマ」によって自民党が歴史的惨敗を喫したというしかない結果です。

　秋葉原での選挙戦最後の街頭演説で、安倍首相は「こんな人たちに負けるわけにはいかない」と叫びましたが、多くの都民は「こんな人たちに、私はなりたい」と考えたわけです。その結果、安倍首相はこれまで経験したことのない厳しい鉄槌を下されました。

　自民党の獲得議席は23でした。過去最低だった38議席を15も下回っています。今回の都議選ほど自民党が選挙の恐ろしさを実感したことはなかったにちがいありません。地殻変動によって地割れが生じ、奈落の底に落ち込んでいくような恐怖を味わったのではないでしょうか。

　こうなった原因は3つ考えられます。第1に自民党都連への批判であり、第2に国政への不満であり、第3に安倍首相への反感です。これらが積み重なって生じた敗北であるからこそ、これまでになかったような歴史的惨敗となりました。不明朗な築地市場移転問題の経緯など都政の闇を生み出してきた自民党都連への批判は、都議選が終わって都政改革が進められればある程度は解消するかもしれません。しかし、国政への不満や安倍首相への反感は、選挙が終わったからといってなくなるとはかぎりません。

表7　2017年東京都議会議員選挙

都民ファーストの会：6→49（+43）
自民党：57→23（－34）
公明党：22→23（+1）
共産党：17→19（+2）
民進党：7→5（－2）
東京・生活者ネットワーク：3→1（－2）
日本維新の会：1→1
社民党：0→0
無所属：4→0（－4）

石原、猪瀬、舛添という過去三代の都知事を与党として支えてきた自民党都連への批判以上に、都民の怒りは国政とその中心にいる安倍首相に向けられました。9条改憲を打ち出し、森友・加計学園疑惑に頬かむりしたまま共謀罪を強行採決して国会を閉じた強引なやり方や、その後も相次いだ不祥事、暴言、疑惑隠しなどに対しても都民の怒りは爆発したのです。

選挙後、「THIS is 敗因」という言葉が飛び交いました。惨敗を生み出した「戦犯」はT（豊田真由子）、H（萩生田光一）、I（稲田朋美）、S（下村博文）の4人だというのです。しかし、正確には「THIS is A 敗因」と言うべきでしょう。何よりも、A（安倍晋三）という「大戦犯」がいるからです。

これに加えて、公明党の裏切りがあります。今回、公明党は自民党とたもとを分かち「都民ファーストの会」を支援したため、公明党の支えを失った自民党は1人区や2人区だけでなく3～5人区でも苦戦することになりました。「都民ファーストの会」とともに上位当選した公明党に蹴落とされてしまったのです。

「都民ファーストの会」は大きく躍進した

歴史的惨敗に沈んだ自民党にとって代わったのが「都民ファーストの会」です。50人立候補して49人当選、追加公認を含めて55人になりました。自民党が減らした議席の大半は「都民ファーストの会」に流れ込みました。今回だけは支持できない、お灸を据えたいと考えた自民党支持者や無党派層にとって、「非自民」の「手ごろな受け皿」となったからです。

このような「受け皿」を提供することができれば、今回と同様の地殻変動を国政レベルでも引き起こすことができたにちがいありません。それをどのように提起し、認めてもらうかが、安倍政権打倒に向けての課題になります。

同時に、今回の選挙では欧米のようなポピュリズムの「追い風」が強烈に吹きました。「都民ファーストの会」は「大阪維新の会」や名古屋での「減税日本」と同様に、ポピュリズムの風に押し上げられて都議会に送り込まれたのです。「どうしてこんな人が」と思われるような人もあれよあれよという間に当選し、議員になって議会に送り込まれるというポピュリズム選挙の危うさが孕まれていることも忘れてはなりません。

1993年にブームを起こした「日本新党」の都議はすぐに消えてしまいました。名古屋市の「減税日本」も4年後に再選されたのは6人だけでした。「都民ファーストの会」で当選した新人議員「小池チルドレン」の半分近くは議員経験がなく、スキャンダルを抱えている「ポンコツ議員」もいます。はたして小池与党としてきちんとしたチェック機能が果たせるのか、これから問われることになるでしょう。

共産党など立憲野党はそれなりに健闘した

このようなポピュリズムの嵐の中で、共産党などの立憲野党は埋没することなく持ちこたえることができました。共産党は2議席増の19議席となり、民進党も「壊滅するのではないか」と見られていましたが、改選7議席から2議席減の5議席にかろうじて踏みとどまったからです。

共産党は前回の都議選で8議席から17議席に倍増していますから2回連続での増加で、32年ぶりのことになります。小池対自民党都連という対立構図が喧伝され、「都民ファーストの会」が大量当選するというポピュリズム選挙の嵐が吹き荒れたにもかかわらず、埋没することも嵐に吹き飛ばされることもなく善戦健闘したのは重要な成果でした。

これは強固な組織的基盤を持っている共産党の強みを背景としています。同時に、市民と野党の共闘の前進も大きな力になりました。無党派層の投票先で「都民ファーストの会」に次ぐ2位でしたから、組織の力だけではない幅広い支持層を得た結果でもあります。

森友・加計問題などでの調査と追及、アベ政治に対峙し続けてきたぶれない政治姿勢、9条改憲阻止などの国政上の争点も掲げた選挙戦術、豊洲移転に反対して築地再整備を掲げた唯一の政党という政策的立場などで得られた支持の広がりでした。このような、国政上の実績、選挙戦術、都政政策などの点で独自の優位性を発揮し、安倍暴走政治に最も強烈な「ノー」を突きつけたいという「反自民」のための「信頼できる受け皿」として支持されたということでしょう。

このような安倍暴走政治の問題点が明確に示され、国民の目に焼き付けられたのが、都議選の直前まで開かれていた通常国会でした。この国会における政府・与党の暴走・逆走とその後も続いた政治や行政の劣化に対する怒りこそが、都議選での自民党の歴史的惨敗という驚天動地の出来事をもたらした最大の要因だったのではないでしょうか。

2 通常国会での暴走・逆走

安倍首相は突然9条改憲の方針を打ち出した

第193回国会は2017年1月20日に召集され、6月18日までの150日間でした。この通常国会はアベ政治の暴走・逆走が際立ち、政治・行政の退廃と混迷が露わになるという異常な国会でした。

なかでも、5月の連休中に安倍首相が9条改憲の意図を明らかにして注目されました。改憲に向けてのギアを入れ替えたことになります。与野党の合意をめざして「低速」で慎重な運転を行ってきたこれまでのやり方を投げ捨て、3分の2を占めている「改憲勢力」だけで突っ走ろうというわけです。

安倍首相は9条の1項と2項をそのままにして、新たに自衛隊の存在を明記することで公明党を引き込み、教育費無償化を書き込むことで日本維新の会を抱き込もうとしています。これに他の「改憲勢力」を合わせれば、民進党などの協力を得なくても衆参両院の3分の2議席を占めて発議が可能になります。

こうして、9条改憲をめぐる対決の構図が明確になってきました。9条をめぐる「激突の時代」が始まりました。私たちも腹を固めて対抗することが必要です。一人ひとりの決意と本気度が試される局面がやって来たということになります。

市民運動をあらかじめ取り締まるための「共謀罪」法の成立

このような、9条改憲に反対し憲法を守ろうとする市民運動をあらかじめ取り締まるための武器も調達されました。それが共謀罪を制定した目的の一つだったように思われます。2013年の特定秘密保護法、15年の安保法（戦争法）、そして17年の共謀罪と、アベ政治の暴走は続いてきました。この戦争できる国づくりへの道は9条改憲へとつながっています。

国民の多くが不安に思い、世論調査では反対が増え、成立を急ぐ必要はないという意見も多い法案でした。心の中が取り締まられるのではないか、一般の人が対象とされるのではないか、拡大解釈によって適用範囲が広がるのではないか、政府に都合の悪い運動などが監視され密告される恐れがあり、萎縮してしまうのではないかなどの疑問が出されました。しかし、いくら審議しても、これらの懸念は解消されませんでした。

これらの疑問や懸念に丁寧に答えるどころか、委員会採決の省略という問答無用の強権的な方法が取られました。異例の奇策による完全な「だまし討ち」です。内心の自由を取り締まる法案の内容も問題ですが、「中間報告」という「禁じ手」を用いた強行採決も大きな問題でした。会期切れ間際の6月15日の朝のことです。まさに立法府の劣化というしかありません。

確かに「特別な事情のある場合」には、このようなやり方が認められていますが、会期はまだ残っています。延長することもできました。会期を延長しなかったのは森友・加計学園疑惑などで追及されたくなかったからです。疑惑追及から早く逃げたいという安倍首相の個人的な都合こそが「特別な事情」だったというわけです。

この共謀罪の成立は、安倍政権がいかに「凶暴」化し、自由と民主主義を踏みにじろうとしているかを象徴的に示しています。多数なら何でもできるという驕りであり、多数で何でもしてしまうという強引さの現れでもあります

テロ等準備罪という名前に変えて粉飾を凝らし、オリンピックを名目にして成立を強行しましたが、テロや五輪・パラリンピックという看板を掲げれば国民を騙せると高をくくっていたのでしょう。騙されてはなりません。共謀罪によって取り締まる対象と市民や市民活動との違いを曖昧にしているのは、政府に都合の悪い発言をしたり活動に加わったりする一般市民や正当な市民活動、社会運動を取り締まるためであり、金田法相が法案の問題点についてキチンと説明しなかった（できなかった）のは、拡大解釈によって共謀罪を適用する余地を残しておきたかったからではないでしょうか。

安倍政権のいかがわしさをはっきりと示した森友・加計学園疑惑

もう一つの焦点となった森友・加計学園疑惑も、安倍政権のいかがわしさをはっきりと示しています。官庁や役人が安倍夫妻の意向を「忖度」して知人や友人を優遇したり便宜を図ったりして、一部の人によって政治と行政が私物化されているのではないかという疑惑が表面化したからです。

「森友」疑惑では、教育勅語を暗唱させるような籠池泰典前理事長の教育方針に共鳴した首相夫人の昭恵氏が「力になりたい」と考えて「神風」を吹かせ、国有地を8億円もディスカウントしたのではないかと疑われています。「加計」疑惑では加計孝太郎理事長の30年来の「腹心の友」である安倍「総理のご意向」に従い、「加計ありき」で岡山理科大への獣医学部新設と公有地の取得に便宜が図られたのではないかとの疑惑が浮かび上がりました。

昭恵氏を守ったのは、その意向を「忖度」して便宜を図った財務官僚だと見られていますが、計算違いは籠池森友学園前理事長です。安倍首相からの「100万円」の寄付を暴露された腹いせに証人喚問するなど「敵」に回したため、財務省への働きかけを示すファクスを暴露されるなど首相も昭恵氏も窮地に陥りました。

他方の「加計」疑惑で安倍首相を守ったのは内閣府だったようです。交渉の経過を示すメールや内部文書が文科省で発見されましたが、それに対する追及が「官邸の最高レベル」(おそらく萩生田光一官房副長官)に届かないようにする作戦だったと思われます。文科省(第1の防衛線)は突破されましたが、内閣府(第2の防衛線)でストップさせようとしたのでしょう。

しかし、「森友」では今井尚哉首相秘書官、「加計」では首相側近の萩生田官房副長官や和泉洋人首相補佐官などの暗躍が疑われています。ここでの計算違いは前川喜平前文科事務次官でした。文科省内で作成された内部文書は本物で「確実に存在していた」「あったものを無かったことにはできない」「行政のあり方がゆがめられた」と証言しました。官邸は人格攻撃までしてこれを否定しましたが、結局はむりやり国会を閉じて疑惑を隠すという醜態をさらすことになったのです。

余すところなく示された政治と行政の劣化、アベ政治の退廃と混迷

通常国会では、政治と行政の劣化、アベ政治の退廃と混迷も余すところなく示されました。その第1は、情報の秘匿と隠ぺいです。行政文書など保管されるべき記録が廃棄されたり、隠されたりしました。南スーダンへの自衛隊ＰＫＯの「日報」が隠蔽され、森友・加計疑惑での財務省や文科省、内閣府の情報隠しも大きな批判を招きました。行政の透明化、検証可能性、知る権利の保障という意識も仕組みも極めて劣弱であることが明らかになりました。

第2に、国連関係者からの懸念や批判です。共謀罪については国連人権理事会の特別報告者であるケナタッチ氏がプライバシーを制約する恐れを指摘し、報道の自由にも懸念を表明しました。人権理事会のケイ特別報告者も特定秘密保護法について改正を促しました。日本は国際標準から逸脱しつつあり、国際社会から後ろ指をさされるような国になってしまったのです。

第3に、安倍「一強体制」の下での独裁と強権化です。小選挙区制の導入や内閣人事局の新設などによって官邸支配の体制ができ、国家戦略特区によってトップ・ダウンの政治主導が強まりました。多数党が強権を振るうことができる仕組みができ、三権分立の歪み、総理・総裁や公人・私人の使い分けなどによる政治・行政の私物化が生じました。

第4に、以上のような暴走を隠蔽するために、安倍政権がマスコミに対する懐柔と介入を強めた結果マスメディアが変質し、一部のメディアの劣化が進みました。政治権力の批判・監視

を行う「第4の権力」から権力への迎合・走狗へという機能転換が生じています。とりわけ最大の部数を持つ『読売新聞』が2017年5月3日の安倍首相の9条改憲インタビューや「加計」疑惑での前川さんの「出会い系バー通い」を報ずるなど、安倍首相に利用され、報道機関として大きな汚点を残すことになりました。この背景には、度重なる会食や懇談、共謀罪の制定、電波停止をちらつかせた恫喝など、マスコミに対する工作の積み重ねがありました。

3 通常国会後に明らかになった疑惑や不祥事

新たな展開を示した加計学園に関する疑惑

通常国会が幕を閉じた途端、「萩生田副長官ご発言概要」という新たな内部文書が見つかりました。「加計」疑惑に萩生田光一内閣官房副長官が関与していたことを示すもので、学部新設について「官邸は絶対やると言っている」「総理は『平成30年（2018年）4月開学』とおしりを切っていた」などと書かれています。

萩生田氏はこの内容を強く否定し、加計氏との関係についても「親しくお付き合いさせていただいているという事実もありません」と答えていました。しかし、安倍首相の別荘で、安倍、加計、萩生田氏の3人がバーベキューをしながら缶ビール片手に談笑している4年前の写真が萩生田氏のブログに投稿されています。

加計孝太郎理事長が自民党岡山県自治振興支部の代表で、会計責任者も加計学園の理事を務めた人物、支部の事務所が加計学園系列校と同じだったことも判明しています。また、岡山が地元の加計学園が選挙区の逢沢一郎元外務副大臣に１００万円を献金しており、獣医学部の新キャンパスの工事を請け負っている「アイサワ工業」は岡山市が本社で逢沢氏のいとこが社長をしているファミリー企業です。しかも、建設費の坪単価は一般的な坪単価の２倍以上もすることが明らかになっています。

さらに、この加計学園が当時文科相であった下村博文氏に２００万円の献金をしていた疑惑も報道されました。この後、加計学園が望んでいた教育学部の新設が認められていたことも分かっています。また、下村夫人の今日子氏は広島加計学園の教育審議委員をやっており、安倍夫人の昭恵氏と一緒に加計学園のパンフに登場したり、年に数回は同施設のイヴェントに参加したりしていました。

森友・加計学園疑惑についてのその後の展開

森友・加計学園疑惑については、その後、新たな展開がありました。臨時国会の終了後に閉会中審査が行われ、総選挙の後の特別国会でも追及が続き、新たな証拠や事実が明らかになったからです。これらを基に、ここで若干の補足を行っておきたいと思います。

森友学園への土地の売却について、特別国会で財務省と森友学園と財務・国土交通両省との協議の詳細が音声データで判明しました。このやり取りの詳細については、『東京新聞』２０１

7年12月20日付に掲載された別図を参照してください。

　国が算定した地中のごみの量をめぐっては、会計検査院が国有地売却で8億2000万円の大幅値引きの根拠となった地中ごみの処分量が最大7割も過大に算定されていた可能性を示しました。国土交通省大阪航空局は実際に撤去したゴミは約194トンで、国側が算定した1万9500トンのわずか100分の1だったことを明らかにしています。

　このテープでのやり取りは、地中ごみが地下3メートルより下からはほとんど出ていないにもかかわらず、地下9メートルまであるという形にまとめようと、国側が口裏合わせを求めたともとれるやりとりがはっきりと記録されていました。また、別のテープでは森友学園側と事前の売却価格交渉は一切していないという佐川宣寿氏の国会答弁との矛盾が焦点となりました

表8　音声データで明らかになった森友学園と財務省などのやりとり（2016年3月下旬）

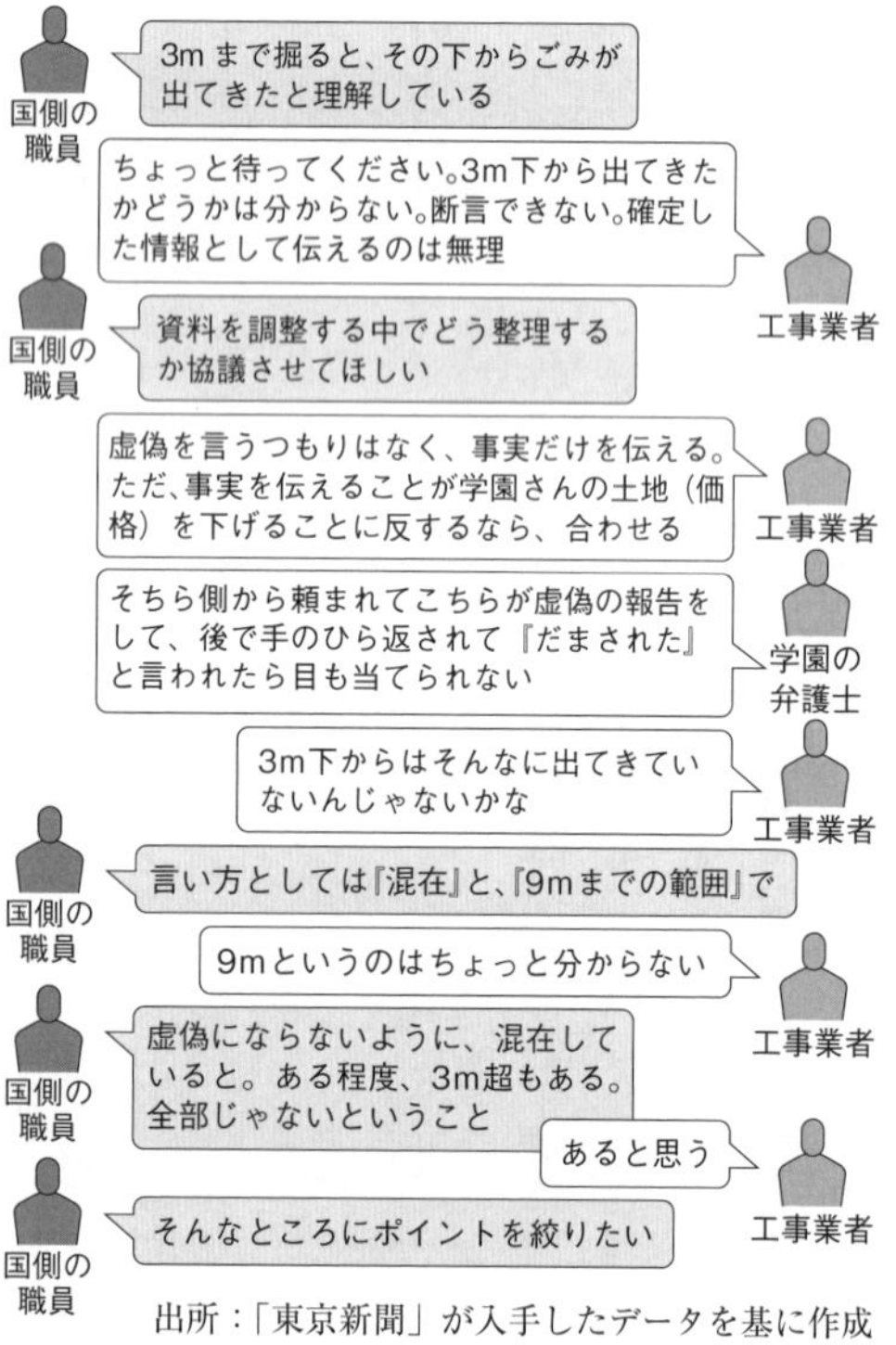
国側の職員
3mまで掘ると、その下からごみが出てきたと理解している
工事業者
ちょっと待ってください。3m下から出てきたかどうかは分からない。断言できない。確定した情報として伝えるのは無理
国側の職員
資料を調整する中でどう整理するか協議させてほしい
工事業者
虚偽を言うつもりはなく、事実だけを伝える。ただ、事実を伝えることが学園さんの土地（価格）を下げることに反するなら、合わせる
学園の弁護士
そちら側から頼まれてこちらが虚偽の報告をして、後で手のひら返されて『だまされた』と言われたら目も当てられない
工事業者
3m下からはそんなに出てきていないんじゃないかな
国側の職員
言い方としては『混在』と、『9mまでの範囲』で
工事業者
9mというのはちょっと分からない
国側の職員
虚偽にならないように、混在していると。ある程度、3m超もある。全部じゃないということ
工事業者
あると思う
国側の職員
そんなところにポイントを絞りたい

出所：「東京新聞」が入手したデータを基に作成

が、予算委員会で財務省側は「金額のやり取りはあったが価格交渉は行っていない」と珍答弁をして失笑を買っています。

なぜ、財務省職員らがそんな無理をしてまで値引きしようとしたのでしょうか。安倍首相の妻の昭恵氏が小学校の名誉校長に就いていたことや首相夫人付きの職員が国有地について財務省に照会したことが影響した可能性はないのでしょうか。

国有地の売却では、分割払いや価格の非公表などさまざまな特例が付されていました。その理由も政府はいまだに明らかにしていません。その後も「全て廃棄」したはずの文書が残っており、新たな事実が次々と明らかとなって国会答弁との矛盾が明確になっています。２０１８年3月になって、森友学園関連の決済文書が改ざんされていたことが発覚し、とうとう佐川宣寿国税庁長官が辞任に追い込まれました。

加計学園が経営する岡山理科大の獣医学部新設については、林芳正文部科学相が２０１７年11月14日、新設を認可したと発表しました。大学設置審の審議で認可に否定的な意見を封じて認可へと結論を導いていた疑惑などが取りざたされましたが、林文科相は「適切に進められた。瑕疵（かし）はなかった」と説明しました。この問題をめぐっても、加計ありき、結論ありきではなかったかとの疑惑は依然として残ったままです。

稲田防衛相による自衛隊の政治利用の暴言

東京都議選の応援では、稲田朋美防衛相が演説で「防衛省・自衛隊、防衛大臣、自民党としてもお願いしたい」と投票を呼びかけて大きな問題になりました。自衛隊を「自民党のもの」であるかのように扱って政治利用しただけでなく、指揮権を持つ防衛相が言えば自衛隊員は特定政党を応援しなければならないと誤解してしまいます。

政治的に中立公平であるべき公務員や自衛隊のあり方からの逸脱という点でも、「党務」と「公務」の混同という点でも、この発言は自衛隊法や公職選挙法に反する暴言にほかなりません。

稲田防衛相は何回も、閣僚の資質を疑われる言動を繰り返してきました。こういう人を選んだだけでなく、どうしてこのときまで続投させてきたのでしょうか。このような暴言を言い出しかねない人を安倍首相はかばい続け居座らせてきました。きちんとけじめをつけず、放置してきた責任は大きいと言わなければなりません。

森友・加計学園疑惑では、権力者の意向を忖度し、一部の人を優遇したりえこひいきしたりして行政を歪めているとの批判が高まりました。安倍首相に近いというだけで稲田氏ばかりが甘やかされ特別扱いされてきた姿こそ、政治責任の取り方まで歪み公平性や信頼を大きく損ねていることを示す実例であるように思われます。

都議選中に相次いだ暴言と不祥事

まだ、あります。選挙中に明らかになった豊田真由子衆院議員の秘書に対する暴言・暴行というスキャンダルです。豊田議員は責任を取って自民党に離党届を出しましたが、辞めるべきは自民党ではなく国会議員の方でしょう。

夫の宮崎謙介衆院議員の女性スキャンダルが『週刊文春』に報じられたことのある金子恵美衆院議員についても、公私混同疑惑が浮上しました。公用車で子どもを保育園に送ったり、母親を駅に送り届けたりするなど、私的使用が常態化していたというのです。

これらの若手議員を厳しく監督するべき二階俊博幹事長自身が、都議選の応援演説で「よく変なものを打ち上げてくるキチガイみたいな国がある」と述べ、後で「表現として必ずしも適切でないものが一部あった」と、精神障害者への差別的表現について釈明し、「私らを落とすなら落としてみろ。マスコミの人だけが選挙を左右するなんて思ったら大間違いだ」と居直ったりする始末です。

末期症状ともいうべき状況が積み重なりました。まさに、政治・政治家の劣化を示す典型的な例だと言うべきでしょう。それに対する国民の批判と怒りが徐々に蓄積されていきました。それが投票という行為を通じて、一挙に噴き出したのが都議選の結果だったのです。

むすび――国民の怒りはふたたび

長い間、「安倍1強」と言われるような状況が続き、内閣支持率が安定していました。もともと安倍政権への期待値は低いものでした。ですから、何らかの問題が生じても「まあ、こんなものだろう」ということで、内閣支持率はあまり下がりませんでした。

しかし、政治・行政の劣化と異常な国会運営を見て、国民の「堪忍袋の緒」も切れてしまったようです。安倍内閣に対する支持率は軒並み急落し、都議選でも自民党は歴史的な惨敗を喫しました。政権運営にとって重要なのは世論と選挙ですが、そこでの大きな変化が生じたのです。

「安倍1強」の潮目が変わりました。世論を変えて選挙で決着をつけ、特定秘密保護法、安保法（戦争法）、共謀罪という安倍暴走政治が生み出した悪法を廃止できるような政府を実現する展望が生まれたはずでした。

その出発点が都議選となるはずでした。国政にも大きな影響を及ぼすことになったでしょう。善戦健闘した共産党をはじめ、立憲野党の前進を背景に解散・総選挙を勝ち取り、さらなる追撃戦によって安倍政治の「終わりの終わり」を実現するチャンスが訪れるはずでした。

しかし、これは安倍首相による突然の解散・総選挙と、これに乗じて都議選の再現を狙った小池百合子都知事による新党「希望の党」の結成、この新党へのなだれ込みによって生き残りを図ろうとした民進党の前原誠司代表の裏切りなどによって、このチャンスはアッという間に失われてしまいました。

表9　各社世論調査の内閣支持率

	調査日	支持率	増減	不支持率	増減
毎日	17〜18日	36%	▼10	44%	9
朝日	17〜18日	41%	▼6	37%	6
読売	17〜18日	49%	▼12	41%	13
日経	16〜18日	49%	▼7	42%	6
共同	17〜18日	44.9%	▼10.5	43.1%	8.8
日本テレビ	17〜18日	39.8%	▼6.3	41.8%	5.4
産経・フジテレビ	17〜18日	47.6%	▼8.5	42.9%	8.2

※増減は5月調査と比較したポイント。▼はマイナス。
出所：2017年7月の各社調査。

とはいえ、それは野党の側の「敵失」によって安倍政権が一時的に延命したにすぎません。政治・行政の劣化と異常な国会運営に示された安倍政権の驕り、強権的な体質や手法が変化したわけではありません。内閣支持率の急落や都議選の惨敗を生み出した国民の怒りは、野党の混乱と共闘の分断によって一時的に行き場を失っただけなのです。安倍政権が総選挙の結果を過信し、国民無視の政治運営を続けていけば、いずれこのような怒りは形を変えて再び爆発するにちがいありません。

そして、それは現実のものとなりました。森友学園による土地の格安取得をめぐって財務省理財局による決算文書の改ざんが明らかになり（18年３月）、これをきっかけに国会が混乱し内閣支持率が急落したからです。こうして、２０１７年夏に生じた政権危機が再現されることになりました。

安倍首相夫妻の国政私物化と財務省による公文書改ざんに対する国民の怒りが燃え広がり、連日、官邸前や国会前での集会が開かれました。こうして、安倍政権打倒の可能性が急速に高まったのです。これは安倍暴走政治をストップさせ、政権交代と新たな野党連合政権樹立に向けての烽火となるにちがいありません。

図11　安倍内閣の支持率推移

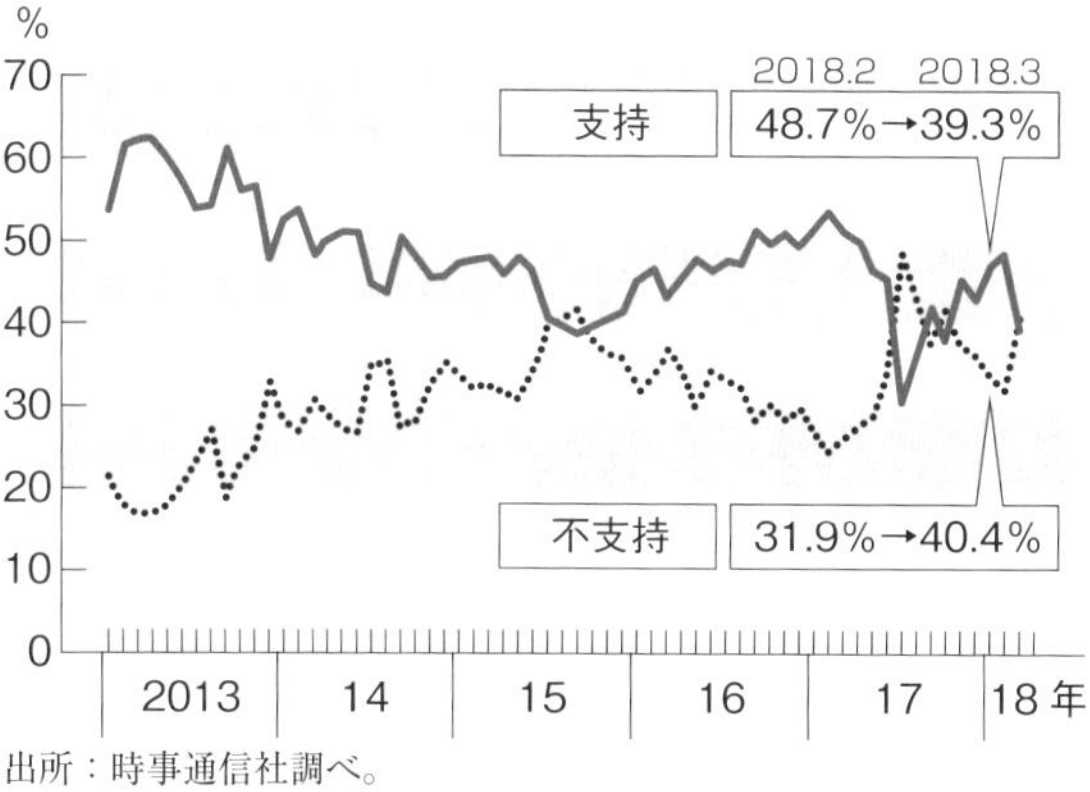

出所：時事通信社調べ。

第5章 安保法制・外交・基地問題にみる安倍政権の軌跡

はじめに

2015年は「安保の年」でした。新日米安保条約の改定をめぐる「60年安保」、その固定期限終了に際して条約の廃棄を求めた「70年安保」につぐ「(20)15年安保」だとする評価もあります。安倍首相が言うところの「平和安全保障法制（以下、安保法制）」の成立をめぐって大きな反対運動が生じたからです。

このような国民的な運動の高揚は久しぶりのことであり、それだけに注目され、日本社会にも大きな衝撃を与えました。それには十分な理由があります。安倍内閣になってから日本政府の外交・安全保障政策が大きく転換し「暴走」だとして強い反発を呼び起こしたからです。

このような外交・安全保障政策の大転換と安保法制の整備は日米同盟を大きく変え、沖縄・辺野古をはじめとした在日米軍の新基地建設、自衛隊基地の再編・強化、社会の各方面における軍事化の進展に連動し、さらには現行憲法の改定に向けての動きを生み出しています。それは日本の平和と安全を守るために必要なことだと説明されてきました。果たして、そうでしょうか。

安保法制については「違憲」で立憲主義を破壊するものだとの批判があり、基地強化や軍事化の既成事実化に対しても沖縄県民などによる強い反発と警戒の目が向けられています。

これらの問題について立憲主義の立場から検証し、日本の安全を守るための方策としての正否について考えてみたいと思います。いずれも重要な問題ですが、紙数の関係で概観するにとどまらざるを得ません。

1　平和安全保障法制＝戦争法の成立と施行

集団的自衛権の行使容認は違憲の疑いがある

第2次安倍政権になってから、突如として安全保障に関する法整備の課題が浮上しました。周辺諸国の安全保障環境が悪化したという理由が掲げられましたが、法そのものは「周辺」だけを対象としたものではなく、地球全体をカバーする集団的自衛権の部分的な行使の容認をめざしていました。

この安保法制のキー概念となったのが、集団的自衛権を行使する際の前提になる三つの条件（武力行使の新3要件）の一つで

表10　自衛隊活動こう変わる

集団的自衛権	行使×	→	存立危機事態で行使○
周辺事態の後方支援	食料補給や人員輸送などに限定。対象は米軍のみ	→	地理的制約を撤廃。弾薬の提供解禁。米軍以外の他国軍も支援
海外派遣	その都度特措法で対応	→	恒久法で随時可能
武器使用（PKOの場合）	自己または自己の管理下にある人の保護に必要な範囲	→	任務遂行目的の使用化。駆け付け警護も可能
在外邦人救出	航空機・車両による輸送のみ	→	領域国の同意などあれば武器を使った救出・警護も

ある「存立危機事態」です。それは、「我が国と密接な関係にある他国に対する武力攻撃が発生し、これにより我が国の存立が脅かされ、国民の生命、自由及び幸福追求の権利が根底から覆される明白な危険がある事態」とされ、その場合には日本が直接攻撃されていなくとも反撃可能であるとされました。しかし、「密接な関係」があるとはいえ、「他国」が攻撃されただけで「日本の存立が脅かされる」のはどのような場合なのかについては、最後まで説得的な説明はなされませんでした。

これは従来の憲法9条解釈を変更するものでしたが、その根拠とされたのは砂川事件最高裁判決です。しかし、この判決は米軍駐留の根拠とされている安保条約を認めるものでしたが、集団的自衛権には直接触れるものではありませんでした。それゆえ、砂川判決直後、岸信介首相は集団的自衛権について「憲法上は、日本は持っていない」と答弁していたのです。

また、もう一つの根拠とされた1972年の「集団的自衛権と憲法との関係に関する政府資料」も「他国に加えられた武力攻撃を阻止することをその内容とするいわゆる集団的自衛権の行使は、憲法上許されないといわざるを得ない」というものでした。解釈変更を行った政府が示した根拠は、いずれも集団的自衛権の行使を認めるものではなく、だからこそ、それまでの歴代政府は個別的自衛権を行使できても集団的自衛権は行使できないという立場を取ってきました。さすがに、この解釈を真っ向から変更することはできず、第2次安倍内閣も「新3要件」を設定した部分的容認とせざるを得ませんでした。

この問題が、2015年6月4日の憲法審査会で取り上げられました。集団的自衛権の部分的な行使容認について質問された長谷部恭男早稲田大学教授、小林節慶応大学名誉教授、笹田栄司早稲田大学教授はいずれも「憲法違反」だと証言し、ほとんどの憲法学者もこの立場を共有しました。朝日新聞のアンケートによれば、122人のうち憲法違反としたもの104人、違憲の可能性があるとしたもの15人に対し、合憲だとしたのはわずか2人にすぎません。報道ステーションの調査では151人のうち憲法違反132人、疑いがある12人、疑いはない4人という結果でした。

このような状況であったにもかかわらず、安保法案は2015年9月19日に成立し、2016年3月から施行されました。この集団的自衛権の部分的容認によって可能となったのは、特例法ではなく恒久的な法を根拠にした自衛隊の海外派遣、米軍の兵站などの後方支援、戦闘行為となる戦時における機雷封鎖除去、訓練時を含む米艦等の防護、PKO部隊による駆け付け警護や宿営地の共同防衛などです。いずれも、これまでの自衛隊の任務に新たな任務が加わり、戦闘に巻き込まれる可能性を高めることになるとみられましたが、十分な教育・訓練を施すので新たなリスクは生まれないというのが政府の説明でした。

安保法制定には手続き上の瑕疵があった

憲法によって制約され99条によって尊重擁護義務を負っている国務大臣や国会議員が、従来の政府による9条解釈を勝手に変更して閣議決定を行い、法律を制定することが許されるのか。これが立憲主義の立場からする安保法制定上の大きな疑義でした。ほとんどの憲法学者が違憲ないし違憲の疑いありとしたのは、このような立場からでしょう。加えて、その制定プロセスも法制定手続き上の瑕疵が否定しきれないものでした。

たとえば、集団的自衛権行使容認の「武力行使の新3要件」の原案は、公明党の北側一雄副代表が内閣法制局に作らせて高村自民党副総裁に渡したもので、横畠内閣法制局長官と高村副総裁や北側副代表らが密談して練り上げたものでした。根幹部分が水面下で作成されたことになります。

このような形で密室での検討が進んだ一方、そもそも法制局としての審査そのものがなかったのではないかとの疑いが浮上しました。公表された文書によると内閣法制局による決済日が5月０《ママ》日となっており、受付日、審査した後に内閣に送付した進達日、閣議にかけられた日についての記入がなかったからです。また、法制局は9条の解釈変更について内部での検討過程そのものを公文書として残していませんでした。公文書管理法第4条に違反する不手際です。

法案審議の過程でも、参院特別委員会での審議はとりわけ疑義の多いものでした。２０１５年9月17日に地方公聴会が横浜で開催されましたが、特別委員会での報告・審議はなく、公聴会後に委員会が開会され議長が着席した直後に委員が殺到して取り囲み、議場は大混乱に陥りました。速記録では「議場騒然、聴取不能」と書かれていましたが、その後提出された議事録では「可決すべきものと決定した」と記録されています。議事録が改ざんされたのではないかとの疑いが濃厚です。

アメリカとドイツの失敗から学ぶべき歴史の教訓

安保法制については様々な問題点があります。なかでも、これまで戦闘に巻き込まれず、「殺し、殺される」ことのなかった自衛隊に新たな死傷者が生まれ、他国の人々に対する加害者になるのではないかとの懸念は大きいと言わなければなりません。この点で、アメリカとドイツの失敗に学ぶことは重要です。

そもそも今回の安保法制の整備は、自衛隊に手助けしてもらいたいとのアメリカの要請と国際社会でより能動的な役割を発揮したいという大国主義を背景とした安倍首相の野望とが合致した結果、実現したものでした。しかし、「自由と民主主義」を名目にした紛争介入や「人道的介入」は戦後アメリカの失敗の歴史そのものであり、失敗し続けてきたアメリカの要請に従って後追いすれば同じような失敗の歴史が繰り返されるだけです。

戦後最大の失敗事例ともいえるベトナム戦争は、トンキン湾事件のでっちあげによって介入が本格化しました。最終的にはアメリカの若者5万7702人が命を失ったことは前述した通りです。ベトナムの人々は数百万人以上が犠牲になったとされています。

もう一つの失敗事例であるイラク戦争とアフガニスタンへの武力介入も、大量破壊兵器の開発・保有疑惑を理由に開始されました。しかし、イラクのフセイン政権は倒れましたが大量破壊兵器の所在は確認されませんでした。この二つの戦争でも、アメリカの若者約7000人が命を失い、帰還した兵士の多くも心的外傷後ストレス障害（PTSD）に悩まされています。

このようにして自国の若者の命を犠牲にし「自由と民主主義」のために闘ったアメリカはアジアや中東の人々によって感謝されたかというと、そうではありません。かえって憎しみと恨みを買いテロの標的として狙われました。2001年に発生した9・11同時多発テロがその典型的な事例です。この事件によって3000人が犠牲となり、日本人も24人が巻き添えとなりました。

日本と似たような戦後史を歩んできたドイツも、軍の海外派兵については痛恨の失敗を犯しています。ドイツはもともと基本法（憲法）に軍の規定がなく、1956年の改憲によって再軍備を始め、68年には軍の任務を規定し緊急事態条項も導入します。NATO域外への派遣は禁じられていましたが、1994年に憲法裁判所の解釈変更によって域外へも派兵できるとされ、1999年にコソボ空爆に参加しました。

その後、2002年には国際治安支援部隊（ISAF）の一員としてアフガニスタンに派遣されます。ドイツ軍部隊は輸送などの兵站支援や秩序維持を担っていましたが、襲撃されて反撃せざるをえなくなり、戦闘に巻き込まれて54人が死亡しました。部隊が帰国してからも、400人以上がPTSDに悩まされているといいます。ドイツの経験はこれから日本が歩もうとしている道だけでなく、それが生み出す危険性や悲劇も先取りしているようです。

同様のケースに近づきつつあったのが、南スーダンへの自衛隊派遣でした。大統領派と副大統領派の武力抗争が再発し、停戦合意の破綻が明確になりました。このようななかで、自衛隊部隊に「駆け付け警護」や「宿営地の共同防衛」という新たな任務が付与されました。ドイツ軍のように戦闘に巻き込まれて取り返しのつかない事態が生ずる前に撤退するべきでした。

そして、それは突如として実現します。2017年3月10日、政府は南スーダンからの自衛隊撤退を表明したからです。これは遅きに失したとはいえ、当然の措置でした。政府は2016年9月から撤収を検討していたと言っていますが、それなら11月に「駆け付け警護」の任務を付与したのは何故でしょうか。撤退する前に実績をつくっておきたかったということでしょうか。

そもそも、南スーダンに派遣された自衛隊は道路や橋をつくる施設部隊ですから、国連司令部が能動的な警備業務を命じることはありません。このような部隊に「警護」の新任務を付与することも、本来はあり得ない対応でした。現地に派遣されていた部隊の日報を隠蔽していたのではないかという疑惑を含めて、まだ明らかにしなければならない問題はたくさん残っています。

2　日本外交の大転換―対米従属と中国包囲網の形成

歴代自民党政権以上の対米従属性の強まり

安倍首相は2015年9月に集団的自衛権の行使容認を含む安保法を成立させ、それ以前に行った日米防衛協力のための指針（ガイドライン）の再改定とあわせてアメリカとの同盟関係をより強固にしました。アメリカによる対日要求に対する屈服という点では歴代自民党政権以上の対米従属性を示すものとなっています。

安保法制の整備が政治課題として浮上した際、注目されたのが「第３次アーミテージ・ナイレポート」です。リチャード・アーミテージ元国務副長官とジョセフ・ナイハーバード大学教授という２人の「知日派」米高官によって提出された日本の外交・安全保障政策についての報告書はこう呼ばれてきました。これまで２０００年10月に第１次、２００７年２月に第２次、そして２０１２年８月に第３次と３回出されていますが、とりわけ注目されたのが３回目のレポートです。

これについて、２０１５年８月19日の参院特別委員会で注目すべき質疑がなされました。「生活の党と山本太郎となかまたち」共同代表の山本太郎参院議員による質問です。

このとき山本議員は、下記のようなボードを掲げ、「この『第３次アーミテージ・ナイレポート』の日本への提言、今回の安保法制の内容にいかさ

表11

第3次アーミテージ・ナイレポート(2012年8月)
～日本への提言(9項目)

1	原発の再稼働
2	海賊対処・ペルシャ湾の船舶交通の保護、シーレーンの保護、イラン核開発への対処
3	TPP交渉参加～日本のTPP参加は米国の戦略目標
4	日韓「歴史問題」直視・日米韓軍事的関与
5	インド・オーストラリア・フィリピン・台湾等の連携
6	日本の領域を超えた情報・監視・偵察活動 平時・緊張・危機・戦時の米軍と自衛隊の全面協力
7	日本単独で掃海艇をホルムズ海峡に派遣 米軍との共同による南シナ海における監視活動
8	日米間の、あるいは日本が保有する国家機密の保全
9	国連平和維持活動(PKO)の法的権限の範囲拡大
その他	
10	集団的自衛権の禁止は同盟にとって障害だ
11	共同訓練、兵器の共同開発、ジョイント・サイバー・セキュリティセンター
12	日本の防衛産業に技術の輸出を行うよう働きかける

2015年8月19日　参議院我が国及び国際社会の平和安全法制に関する特別委員会　　生活の党と山本太郎となかまたち：山本太郎
<第3次アーミテージ・ナイレポート/海上自衛隊幹部学校ホームページ コラム033より　山本太郎事務所作成>

出所：山本太郎参院議員事務所。

れていると思いますか」と、中谷防衛大臣に質問しました。中谷大臣は「このレポートで指摘をされた点もございますが、結果として重なっている部分もあると考えておりますけれども、あくまでも、我が国の主体的な取り組みとして、研究、検討して作ったものであるということでございます」と答弁しています。

このレポートに示されているように、アメリカは民間人による提言という形をとって日本に対する軍事分担と日米同盟の強化を求めていました。提言の内容は「国連平和維持活動（PKO）の法的権限の範囲拡大」や「集団的自衛権の禁止」の解除など、今回の安保法制によって実行可能になった内容と「結果として重なっている部分」があります。それだけでなく、「原発の再稼働」「TPP交渉参加」「インド・オーストラリア・フィリピン・台湾等の連携」「米軍と自衛隊の全面協力」「国家機密の保全」から「防衛産業に技術の輸出を働きかける」ことに至るまで、安倍政権が取り組んできた外交・安全保障政策の大転換を先取りするものとなっています。

中国包囲網を形成するための「価値観外交」の展開

このような外交・安全保障政策の大転換の背後にあるのは、安倍首相による「価値観外交」です。安倍首相自身はこれを「地球儀外交」と称していますが、それは「単に2国間関係だけを見つめるのではなく、地球儀を眺めるように世界全体を俯瞰して自由、民主主義、基本的人権、法の支配といった基本的価値に立脚し、戦略的な外交を展開していく」という外交方針です。

「基本的価値」に立脚するという基準に基づくから「価値観外交」であり、その「戦略」はこのような価値に基づかず、国際法に反して南シナ海への進出を続けている中国を外交的に包囲し、その影響力を削ぐというものです。これは、中国の海洋進出に対抗して「航行の自由作戦」を実施しているアメリカの外交・安全保障政策に沿うものでもありました。

同時に、シーレーンの要衝である南シナ海の自由な航行を脅かす可能性のある中国を包囲してその動きを封じることは、この海域を通じて石油などの重要資源を輸送している日本にとっても利益になると考えられました。安倍首相が最初の外遊先に選んだのは、インドネシア、タイ、ベトナムの3ヵ国だったという事実が、このような戦略的な目的を明示しています。

しかし、このような「価値観外交」は日本周辺のアジアに限られていません。それはまさに「地球儀を眺めるように世界全体を俯瞰」するものでした。2016年9月18～24日の第71回国連総会への出席とキューバ訪問によって、安倍首相による訪問国・地域は65ヵ国に上りました。

この間の外国訪問によって、安倍首相が「世界中でバラまいてきた資金援助の額は30兆円近くに上る」とされています。今では、もっと多くの額になっていることは明らかです。1000兆円を上回る財政赤字を抱えている日本がこのよう多額の対外援助を行う余裕があるのか、そのような資金があれば国内での福祉や教育などの施策の充実に充てるべきではないのか、などの批判が生ずるのも当然でしょう。

しかし、このような中国包囲網をめざした価値観外交も、次第に修正せざるを得なくなりました。いつまでも中国包囲と言って敵視していられなくなったからです。その理由の一つは、北朝鮮危機に対応するために、制裁や圧力強化などの面で協力を求めなければならなくなったからであり、二つにはアジアインフラ投資銀行（ＡＩＩＢ）や「一帯一路」政策などを打ち出して中国が経済的な影響力を拡大してきているからであり、三つにはトランプ米政権が登場してアメリカの対中政策にも変化が見られるようになってきたからです。

このままでは取り残されると、安倍首相は考えたのでしょう。習近平主席との相互訪問など、対中関係の改善と「雪解け」に向けての政策変更が目立ち始めました。中国嫌いの安倍首相ですが、国際情勢の変化によって中国敵視と包囲網づくりを継続するわけにはいかなくなったようです。

軍事的色彩を強める南シナ海沿岸諸国への支援

このような「価値観外交」が軍事的な色彩を強めつつ実施されているのが、南シナ海沿岸諸国に対する支援です。２０１６年11月４日、政府はマレーシアに対して大型巡視船２隻を供与する方針を固めました。これは中国の海洋進出に対抗する南シナ海沿岸諸国支援の一環だとされています。マレーシアは経済的には中国との関係が深いですが、南沙諸島の領有権をめぐって中国と対立関係にあります。このような事情を踏まえた支援策であり、「中国包囲網」形成策の一環でもあります。

これまでも日本は、東南アジアにおける海上警備能力の向上のために、ベトナムに対して中型船舶6隻を巡視船として無償供与し、新造巡視船の供与についても調査・検討中とされています。また、インドネシアに対しても新造巡視船3隻を無償供与しています。

フィリピンには大型巡視船2隻の新造・供与を約束し、新造の巡視艇10隻の引き渡しが始まりました。海上自衛隊の双発練習機5機の貸与も決まり、その教育訓練に教官や整備の技術者も派遣されます。しかし、フィリピンのドゥテルテ大統領は南シナ海での日米共同のパトロールに参加しないことを表明しました。その結果、何のために巡視船を供与し軍事協力を行うのかが不明になってしまいました。安倍政権の「中国包囲網」形成策のチグハグぶりを象徴するような事例だといえるでしょう。

3 在日米軍基地・自衛隊基地をめぐる問題

沖縄をはじめとした在日米軍基地の強化

安倍政権は沖縄県で「普天間基地の危険性除去」のためとして、辺野古での新基地建設を進める一方、「基地負担の軽減」を掲げて沖縄県東村高江での米軍オスプレイパッド（着陸帯）6か所を完成させました。辺野古での新基地によって、強襲揚陸艦も接岸可能な最新鋭の基地と、オスプレイの運用が可能となる最新鋭の着陸帯が生まれます。

2018年2月4日に辺野古での新基地建設が進められている名護市で市長選挙が実施さ

れ、新基地建設反対を掲げた現職の稲嶺候補が落選しました。事情が複雑でいくつかの敗因が重なったためだと思われます。辺野古の「へ」も言うなという指示の下に徹底した争点隠しが行われたこと、政府や自民党が米軍再編交付金をちらつかせて利益誘導したこと、すでに工事が始まった姿を見て反対することを諦めてしまった人がいたことなどが大きかったようです。

とりわけ前回自主投票であった公明党が総選挙での支援のお返しに推薦に回ったことが注目されます。３４５８票の差は約２０００票と言われる公明党の支持者の票の多くが、前回の現職候補支持から今回は新人候補支持へと流れた結果だと思われるからです。

名護市民の新基地建設への反対の願いをカネと票によってねじ曲げてしまった結果が、自公維推薦候補の当選でした。出口調査の結果からみれば新基地建設に反対している人の方が多かったにもかかわらず、それが選挙結果には結びつきませんでした。

ＮＨＫによれば、75％が「辺野古新基地反対」で、地元紙の『沖縄タイムス』『琉球新報』、共同通信の合同調査でも64・６％が「辺野古移設反対」と回答していました。当選した新人候補に投票した人のうちでも3割ほどは新基地の建設に反対していたといいます。新基地の建設に反対する市民の意思が変わっていないことは明らかであり、この選挙結果から新基地建設に「理解」が得られたとするのは大きな間違いです。

米軍基地が強化されているのは沖縄だけではありません。米軍横須賀基地への最新鋭原子力空母「ドナルド・レーガン」の配備と最新鋭イージス艦の追加配備によって過去最多の14隻態勢となり、米軍三沢基地への無人偵察機「グローバルホーク」の配備、丹後半島の経ヶ岬でのミサイル防衛用早期警戒レーダーの運用開始などが進められてきました。

また、「沖縄への配慮」を理由に、米軍横田基地に特殊作戦機CV22オスプレイが配備され、その整備拠点が千葉県の陸上自衛隊木更津駐屯地に整備される計画でした。これはその後の反対運動などによって遅れていますが、いずれ具体化されるでしょう。嘉手納所属機やオスプレイの訓練移転、普天間基地から米海兵隊岩国基地への空中空輸機の移駐、嘉手納基地の特殊作戦機や沖縄の特殊部隊による横田基地でのパラシュート降下訓練などの動きも出ています。

日米間の軍事的一体化と自衛隊による南西諸島の「要塞」化

このような米軍基地の強化とともに進行しているのが日米間の軍事的一体化です。それは、これまでもインド洋やイラク戦争での米軍支援、自衛隊司令部の米軍基地移転、日米共同演習の拡大・深化などの形で進んできましたが、さらに新たな動きがあります。その象徴的事例が「日米共同部」の新設です。

すでに安倍首相は第1次内閣の時代に防衛庁を省に格上げし、独自の予算要求権限を与えていました。また、座間駐屯地内に防衛大臣直轄の機動運用部隊である中央即応集団を新たに編成し、いつでも海外派遣できる体制を整えていました。これを再編し、これまで全国5方面に分かれていた陸上自衛隊の部隊を統括する「陸上総隊」を新設し、その中に「日米共同部」を設ける計画でした。

これについて、『平成29年版防衛白書』は「平成29（2017）年度末の陸上総隊の新編に伴い、キャンプ座間に所在する陸自中央即応集団司令部を廃止するとともに、陸上総隊司令部においで日米調整の役割を担う日米共同部（仮称）を新たに設置することとしている。なお、陸上総隊司令部は、朝霞駐屯地に新設される」と書いています。

このような日米間の軍事的一体化の背後には二つの動きがありました。一つは、２０１５年4月改定の「日米防衛協力のための指針」（新々ガイドライン）であり、ここには日米両政府が「共同計画策定メカニズムを通じ、共同計画の策定を行う」と書かれていました。「日米共同部」の新設は、その具体化ということになります。

もう一つは、文官統制の廃止です。自衛隊に対する統制には、「文民統制（シビリアンコントロール）」だけではなく、その一部として文官（背広組）による自衛官（制服組）に対する統制がありました（文官統制）。しかし、２０１５年6月の防衛省設置法の改正によってそれまで上位にあった官房長と局長を各幕僚長と同等の位置付けにしました。「背広組優位」の規定は戦前に軍部が暴走した歴史の教訓を踏まえており、防衛庁と自衛隊の発足当時から設けられてきたものです。日米間の軍事的一体化が進む下で、その教訓も捨て去られることになりました。

在日米軍基地の強化、日米間の軍事的一体化と歩調を合わせて、自衛隊基地の強化と南西諸島の「要塞」化も進められています。とりわけ、新たな部隊編成とアメリカ製の最新鋭装備の導入が目につきます。

佐世保を拠点に、島嶼防衛を念頭においた日本版海兵隊とも言える「水陸機動団」が新たに編成されます。これに伴ってオスプレイが17機導入され佐賀空港に配備されようとしています。

また、三沢基地へのＦ35Ａステルス戦闘機の配備、横田基地と小牧基地の隣接地での整備拠点の設置、航空自衛隊美保基地への最新鋭空中空輸機ＫＣ46Ａの配備なども計画されています。

とりわけ、安倍政権下で急速に進みつつあるのが。「中国の脅威」と島嶼防衛力の強化を理由にした南西諸島の「要塞」化です。奄美大島、沖永良部島、宮古島、久米島、与那国島に自衛隊とミサイルを配備しようという計画が進んでいます。

すでに２０１６年3月、与那国島には沿岸監視部隊約１６０人が配備され、奄美への警備部隊、地対空・地対艦ミサイル部隊の配備についての準備も進みつつあります。宮古島と石垣島では配備予定地の住民による激しい反対運動が展開されています。今でさえ、尖閣諸島の領有権をめぐっ

図12　南西諸島における主要部隊配備状況

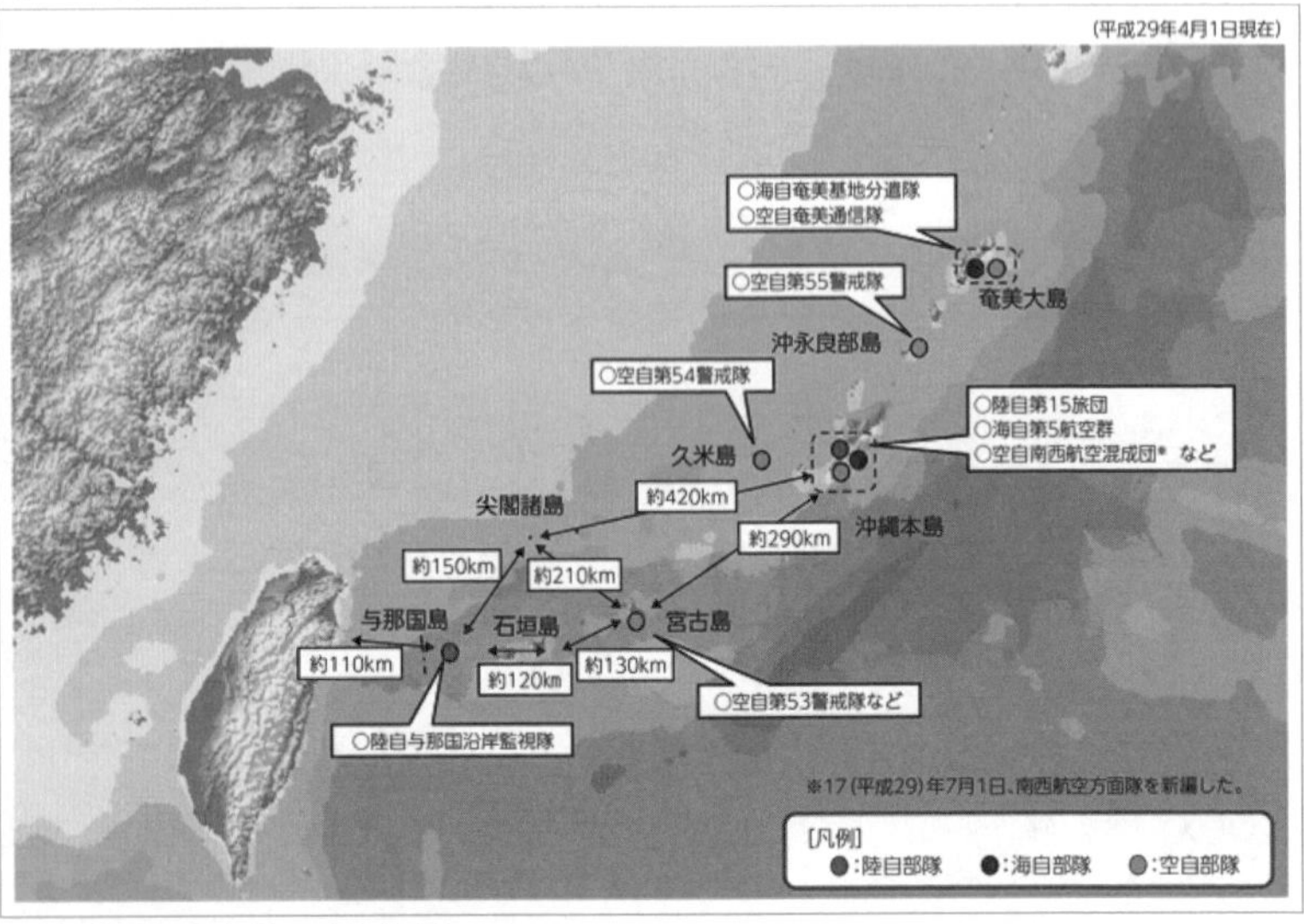

出所：『平成29年版　防衛白書』より。

て中国との緊張関係が生じているのに、このような南西諸島の「要塞」化が進めばますます軍事的緊張が高まり、抑止力どころか攻撃への呼び水となってしまうのではないかとの懸念が強まっているのも当然でしょう。

急速に進んできた国際社会における日本の地位の低下

２０１７年はアメリカのトランプ大統領とそれに追随する安倍首相の暴走によって、世界と日本が大混乱に陥った1年でした。その中でも目立ったのは国際社会における日本の地位の低下です。これは安倍政権の下で急速に進みつつありますが、日米同盟の強化がめざされアメリカへの隷属状態が深まったことの結果でした。

これには二つの面があります。一つは安倍・トランプ関係の親密さから生じてきている悪影響であり、もう一つは唯一の核被爆国でありながら核廃絶の動きに背を向けてきたことによる国際的な地位の低下です。

トランプ米大統領は、ＴＰＰからの離脱や地球温暖化防止のための「パリ協定」からの離脱を宣言し、２０１７年10月にユネスコ脱退を表明したばかりか、12月には「エルサレムをイスラエルの首都と認める」と宣言しました。このエルサレム首都化を支持したのは世界でイスラエルただ1国にすぎず、16億人のイスラム教徒を敵に回し国連臨時総会では１２８ヵ国が反対決議に賛成しています。この決議には、日本も賛成に回りました。中東の原油に依存している日本は、アラブ諸国を敵に回すわけにはいかなかったからです。

この決議案が提出されたとき、トランプ大統領は賛成すれば援助を打ちきると述べて国際社会を恫喝しました。札束で頬をひっぱたくような脅しをかけて決議案を葬り去ろうとしたことも、トランプ政権への国際社会の反感を強めました。このようなトランプ大統領の一連の言動によって、アメリカは世界から孤立して影響力を低下させ、覇権を失いつつあります。第2次世界大戦後に確立してきた国際秩序の創造者・維持者としての立場から国際秩序の破壊者になってしまったのです。

これは「アメリカファースト」というトランプ大統領の哲学からすれば、当然の結果だったと言うべきでしょう。こうして、アメリカがこれまで国際社会で築いてきた威信や信用、影響力などの「ソフトパワー」が失われ、国際的な地位を急速に低下させています。

この落ち目のトランプ大統領と手に手を取り、同じような外交的影響力の低下に直面しているのが日本の安倍首相です。安倍首相はトランプ大統領と最も親しく強い関係を持っていると見られ、安倍首相自身はその良好な関係と親密さを誇っていますが、それは国際社会における日本の強みではなく弱みになっています。

トランプ大統領の訪日に際して一緒にゴルフに興じたことも、「こんな時に、一体何をやっているのか」と国際社会の顰蹙を買ったにちがいありません。この時、バンカーに球を打ち込んだ安倍首相は、さっさと歩き始めたトランプ大統領を追いかけようとして、バンカーから出た最上部でバランスを崩して転び一回転してしまいました。

この映像はたまたま上空を飛行していたテレビ東京のヘリコプターから撮影され、それを入手したイギリスのBBCによって世界中に配信されました。慌ててアメリカを追いかけようとして転ぶ姿は、安倍外交の現状を象徴するものとして嘲笑の的になってしまったというわけです。

唯一の被爆国なのに核兵器禁止条約に参加しなかった日本

もう一つの核兵器禁止条約への不参加は、よりいっそう、国際社会での日本の立場を弱めるものでした。戦争で核兵器の被害を受け、その悲惨で残酷な現実をどの国よりも良く知る唯一の被爆国である日本こそが、このような条約の発効に向けてイニシアチブを発揮するべき国際的な責務を負っていると考えられているからです。

国連総会は2017年7月に人類史上初めて核兵器の使用や威嚇などを違法化した核兵器禁止条約を採択しました。12月にはこの採択を歓迎する一連の決議案を賛成多数で採択しています。

日本政府はこの決議にも7月の核兵器禁止条約にも反対しました。それはアメリカの「核の傘」の下にあるからです。この条約の制定に貢献した国際NGOネットワーク「ICAN」はノーベル平和賞を受賞しましたが、これについても日本政府は冷淡な対応を示し、被爆者の失望を買いました。

他方で、日本政府は国連総会第1委員会（軍縮）に核兵器全廃を目指す決議案を提出していますが。しかし、これは核兵器禁止条約に触れておらず、核廃絶に関する文言も弱まっていました。このため、17年の条約は賛成156、反対4、棄権24となって、前年から賛成が11票減り、棄権が8票増えました。

このように、安倍政権は核兵器の禁止や廃絶に向けての訴えを弱めてきています。そればかりか、かえって「核の傘」への依存を強めてきました。その格好の口実として利用されてきたのが、北朝鮮の核・ミサイル開発による緊張感の高まりです。

安倍首相は「対話よりも圧力だ」と言って朝鮮半島危機を煽り、国民の不安感を高め、それを「核の傘」への依存と軍事力の増強に利用してきました。2017年8月には核搭載可能な戦略爆撃機B52が飛来して日本海上空での空自戦闘機との共同訓練を行い、10月末の航空機観閲式では核兵器を搭載できる米戦略爆撃機B2の参加を検討していたことを後に認めています。

北朝鮮の核開発に対して、一方で「朝鮮半島の非核化」を主張しながら、他方では「核の傘」に依存し、核搭載の戦略爆撃機の飛来や共同訓練に道を開いているのです。自らはアメリカの核に頼りながら北朝鮮には「核に頼るな」と迫るダブルスタンダードによって、日本の国際的信用はガタ落ちになっています。このことが安倍首相に分かっているのでしょうか。

オバマ前米政権が核体制の見直しに関連して日本大使館関係者から意見聴取を行った2009年に、日本側が日本との「事前協議」なしに米国が核兵器を削減することに強い懸念を示し、核戦力の維持・増強を求めていたことが明らかになりました。また、「沖縄への各貯蔵庫建設」の建設の是非を聞いたのに対して、「説得力がある」と肯定的に回答していました。

唯一の戦争被爆国である日本政府が世界の世論と国民の願いを裏切って「核抑止」にしがみつく醜い姿がまたもや明らかになったわけです。アメリカの「核の傘」に依存し、それによって安全を確保しようとし続ける限り、核戦力の強化を望むことは論理的な必然性だと言えるでしょう。朝鮮半島を含む東アジアの非核化のためにも、「核の傘」への依存は見直されなければなりません。

むすび

安保法制の整備によって抑止力が高まり、日本周辺の安全保障環境は改善したのでしょうか。かえって安全保障環境を悪化させ、日本と日本人の安全を損なうことになったというのが現実の姿ではないでしょうか。安保法成立後も中国の海洋進出は止まず、北朝鮮の核開発とミサイルの発射実験の回数は増えました。前述した通り、バングラディシュでは、2015年10月に1人、16年7月に7人の日本人が殺されるという事件が起きています。

外交・安全保障政策における安倍政権下での大転換は、日本外交の大きな失敗を招く結果となりました。対米従属を強め、アメリカの意図をおもんぱかって中国包囲にばかり関心を向けているために世界を見る目が歪んでしまったのです。その結果、唯一の戦争被爆国でありながら核兵器禁止条約についての交渉開始を求める国連決議案に反対し、地球温暖化対策の新しい国際的枠組みである「パリ条約」の批准が遅れて締約国の初会合に間に合わないという外交的失策を犯しました。

「戦争できる国」になるためには、安保法制という法律や制度などのシステム、軍事力の増強や基地の強化などのハードだけではなく、戦地に赴く人材の養成や戦争を支える社会意識の形成というソフト面での整備も必要とされます。システムとハードの整備については本稿でも明らかにしましたが、ソフト面にまで言及する余裕はありませんでした。

しかし、安倍首相は第1次内閣の時代から「教育再生」に取り組み、第2次内閣になってからはマスメディアに対する懐柔と介入・統制に力を入れています。特定秘密保護法の制定、武器輸出3原則の転換、集団的自衛権の行使容認と安保法の制定など「戦争できる国」となるために必要なシステムの整備だけでなく、ハードやソフトを含むすべての面で、着々と既成事実化が図られていることを強調しておきたいと思います。

安全保障法制・憲法改正・外交・基地問題等において打ち出されてきた政策転換は、日本と日本人の安全を低下させ、国費の無駄を生んで日本社会の荒廃を招き、国際社会への不適合を生み出します。それはいずれ大きなツケとなって日本国民を苦しめることになるでしょう。その時になって「シマッタ」と思ってからでは遅いのです。そうならないために、知るべきことを知る勇気、騙されないための知性、正しいと思ったら足を踏み出す行動力が、今ほど求められているときはありません。

いま闘うことは、いちばん良い時代を生きてきた人間の責任

〔以下のインタビュー記事は『ねっとわーく京都』No・343、2017年8月号に掲載されたものです。聞き手は細川孝龍谷大学教授で、インタビューは6月17日に行われました。〕

■自己都合による強行採決、テロとオリンピックを口実に運動抑圧の武器が欲しかった安倍自公政権

細川　私は専門が経営学ですから、きょうのテーマに少しそぐわないかと思うところもありますが、大学の在り方や教職員、学生の未来に大きな影響をもたらす現在の政治の大きな動きを中心に少しお聞きしたいと考えています。まず共謀罪についてですが、法律そのものの問題もさることながら、政治の劣化という問題もあります。そのあたりをどのように見ておられますか。

五十嵐　今回の通常国会全体を通して、政治・行政の劣化がここまで進行しているのかという危機感を持ちました。ひどい状況が露わになったと思います。同時に、そのことへの国民の危機感や不信も広がってきました。安倍首相は外国に行くと、自由と民主主義、法の支配という共通の価値観を口にしますが、それがこの日本では失われつつあります。与党による強権と独裁、行政権の肥大化と歪曲を生み出す仕組みができてしまいました。

そうなった根本的な原因は大政党が有利になる小選挙区制にあります。このような選挙制度の導入から始まって、いまや内閣人事局による官僚支配、国家戦略特区による政治介入、内閣府と官邸の肥大化、三権分立の歪み、総理と総裁、公人と私人の使い分けなど、政治はどんどん劣化し続けています。その背後には日本会議という極右集団の支配が存在することも指摘しておかなければなりません。

細川　今回、民主主義や人権の問題もあると思いますが、一方で国会末期のところでは強引な運営が目立ちました。このあたりはどうですか。

五十嵐　多数の横暴と言われますが、究極の強行採決です。本会議での中間報告というかたちで委員会採決を省略し、強引に共謀罪を成立させてしまいました。これは会期を延長したくないからです。安倍首相は加計学園疑惑を追及されるのが嫌だった。しかも、都議選が控えていますから、これにマイナスになるようなことは避けたい。自己都合による強行採決です。運動抑圧の武器がよほど欲しかったのでしょう。テロとオリンピックを口実にすればそれができると。

特に、公明党は都議選に影響することを恐れたと言われていますが、そのために議会制民主主義の基本である熟議が損なわれた。特に加計学園疑惑では、国民の前で説明する、真相を明らかにするなど、納得を得るための努力がまったくなされませんでした。国会の歴史に大きな汚点を残したと言えます。本来監視されるべきは国民ではなく、多数を背景に驕りと強引さで突き進む安倍政権と公明党です。

細川　維新の会の役割は、どのようにみたらよいのでしょうか。

五十嵐　維新の会は与党以上にひどい役割を果たしています。今回のような強引な議会運営を行えば批判は与党にいきますが、野党の一部がそれに手を貸せば批判を和らげることができます。一種の「風よけ」です。与党専制に対する言い訳の手段として政権に利用されました。

共謀罪の審議では、衆議院の法務委員会で維新の会の議員が討議打ち切りを提案して採決を強行したことも大きな問題を残しました。参議院で維新は質問の途中で問責決議案が出されたと文句を言っていますが、そうしなかったら審議打ち切り動議を出すつもりだったんじゃないでしょうか。野党のなかに送り込まれた与党の「スパイ」のようになっている。野党の在り方としては大いに問題があります。

■マスコミに対しても、読者・視聴者は「主権者」としての力を発揮することが重要

細川　いまの日本の在り方は、国際社会からはどのよう

に映っていると見ておられますか。例えば国連人権理事会の特別報告者が共謀罪について懸念を表明していますが…

五十嵐　これは今までなかったことです。国際社会と協調してテロを取り締まるために共謀罪を制定しようとしているのに、当の国際社会から、これは危ない、こんな法律をつくったらプライバシー保護や報道の自由などの点で大きな問題が生ずると言われたわけです。国際社会から後ろ指を指されるような国に、安倍首相は日本を変えてしまいましたね。「美しい国」と言いながら「醜い国」にしてしまったんじゃないかと思います。

細川　国際社会との関係でみると、日本はマスコミの自由度が減ってきていると指摘されていますが、首相の動向などからみてもしょっちゅうマスコミトップと会食しています。

五十嵐　「寿司友」と言われていますからね。マスコミは安倍応援団と安倍さんを批判する側の二つに分かれています。しかも、安倍応援団のほうが大きな力を持っている。とりわけ『読売新聞』とＮＨＫです。ＮＨＫの報道は国民に伝えるべき公共放送としての取捨選択がなされていない気がします。どうでもよいようなニュースが優先される。国会審議が放映されない。経営委員会に安倍さんの友達を入れたりして、籾井前会長以来のさまざまな介入の「成果」が生まれています。

『読売新聞』の方は完全にジャーナリズムとしての矜持、誇りを失ったのではないでしょうか。ここまで安倍さんに利用され、都合良く使われていることに対して、読売の良心的な記者は歯ぎしりして悔しがっていると思います。他方では、菅官房長官に嫌がるような質問を繰り出した『東京新聞』社会部の記者もいます。ところが、その記者に対して記者クラブの側が抗議しようとしたそうです。いったいどちらの側に立っているのでしょうか。

そもそもマスコミは「第4の権力」と言われますが、それは権力を監視し牽制する力を持っているからです。『読売新聞』はその力を放棄してしまいました。それでなくても、日本は報道の自由度ランキングでは72位で、Ｇ7構成国では最下位ですからね。

細川　そうは言いながらも、マスコミが果たす役割は大きいと思います。私たちはどうマスコミを変えていくのか、どう向き合っていくのかといったあたりは?

五十嵐　やはり読者あってのマスコミです。大きな力を持っているのは、新聞・雑誌などでは読者ですし、テレビでは視聴者です。例えば『週刊文春』などは読者の質が変わってきています。安倍批判を書けば売れる、そうなればさらに批判報道に力を入れるという循環が生まれます。マスコミには読者・視聴者の反応に敏感に反応するという特性があります。

良いものを評価し、良くないものに対しては批判する。読者や視聴者からの意見を伝えていくことが大切です。良くないものは見ない、悪いものは読まない、買わない。こういうスタンスで「第4の権力」に対しても、読者・視聴者は「主権者」としての力を発揮することが重要です。

■行政管理情報は国民の財産・知る権利を保障する基本的資産＝際立ったずさんさと情報隠蔽

細川　今回問題になった二つの学園疑惑では、首相のみならず昭恵さんも大きな役割を果たしています。

五十嵐　森友と加計、どちらも状況証拠では「真っ黒」です。森友学園の場合、背景には時代錯誤的な国粋主義教育に変えていきたいという共通の思いがありました。教育勅語を暗唱させる籠池さんの教育方針への心情的共感があったのではないでしょうか。

そのために便宜を図り特別扱いするという形で動いたのが昭恵さんだったと思います。昭恵さんが5人の秘書役を使って動き、そのことを周りの官僚も知り、意向を忖度して特別扱いをしたということです。昭恵さんを守ったのは財務官僚です。その背景には、消費再増税に向けて恩を売っておこうという下心も見え隠れしています。ですが、ここでの計算違いは籠池さんでした。対応を間違えて「敵」にしてしまったのですから。

加計学園の場合は利害関係者による便宜供与です。理事長の加計さんは安倍首相の40年来の「腹心の友」で、安倍さんは広島加計学園の監事を務め報酬も受け取っていました。昭恵さんは傘下の御影インターナショナルこども園の名誉園長をしています。

新たな条件を加えるように指示を出したと疑惑を持た

れている萩生田光一官房副長官は、落選している間、加計傘下の千葉科学大学の客員教授でした。浪人中に救ってもらった恩義があります。萩生田さんは国会で「公的な行事以外では加計孝太郎さんと会ったことがない」と答えていましたが、安倍さんと加計さんと萩生田さんが安倍さんの別荘で缶ビール片手にバーベキューしている映像が報じられました。政権中枢で責任ある人が、これほど平気で嘘、デタラメを言って隠し事をするようなことはかつてなかったと思います。

加計問題では首相を守ったのは内閣府でしょう。第1の防衛線である文科省は突破されても、第2の防衛線である内閣府で官邸への追及をストップさせたわけです。ただ、計算違いはメールや内部文書の存在と前川前文科省事務次官で、その結果、政権は追い込まれ、会期延長せず異例の強行採決へと突き進むことになりました。

細川　問題になっている点で言えば、報道や情報管理の在り方も問われています。昨年、いま話題になっている前川前文科省次官がある学会で話されていますが、私は結構見識がある方だなと感じていました。天下り問題で責任をとらされたというのか、自らが辞職されたかたちだと思いますが、この点も真実が見えてきません。

五十嵐　これも行政の劣化ですね。行政関連の文書はできるだけ保管し、その情報をもとに過去の行政の検証ができるようにしておかなければなりません。これは当然のことです。行政関連の情報は国民の財産です。国民の知る権利を保障するための基本的な資産なのですから、これを勝手に処分するのは国民に対する裏切りです。

本来、残っているはずの文書の廃棄が、南スーダンPKO部隊の日報をはじめ、いろんなところで起こっています。公文書管理のずさんさと情報隠蔽が際だった国会審議でした。情報管理の在り方に問題があり、行政の透明化という点でも大きな課題を残しました。

■政治を変えられるという期待感を高め、展望を説得力あるかたちで示していくことが重要

細川　いま閉塞感というのか、展望の見えない状況があると思います。少し前になりますが、民主党政権が誕生したときの期待・高揚感以降の国民の意識状況についてはどうでしょうか。

五十嵐　民主党政権に対しては国民の高い期待がありました。ですから、「裏切られた」という失望感も大きかったのです。現在の安倍内閣について国民はほとんど期待していないと思います。ですから、裏切られてもあまり失望しない。若者は特にそうですが、将来に対する希望も見通しも失っているのではないでしょうか。

だから、今がいちばん良いと思っているのです。現状維持を望み、現在の安定している状況がいつまでも続いてもらいたいという気持ちがある。これが内閣支持率の高さに反映しているのではないでしょうか。あきらめの気持ちが安倍さんを支えているように思います。

細川　その一方で昨年の新潟県知事選挙にみられるような野党共闘の展望についてはいかがですか。

五十嵐　こうすれば政治を変えられるという期待感を高めていく、またそのような展望を説得力あるかたちで示していくことです。そうすれば、あきらめかけている人たちも、これなら何とかなりそうだと立ち上がる。半分まどろみかけていた人たちも、目を覚ますと思います。

目を覚ました若者たちの一部は、安保法制に反対する運動で国会の前に立ちましたし、いまも「未来に対する公共」という新しい組織をつくって運動を続けています。こういう目覚める人たちをどんどん増やしていくことです。

そのためには、目に見えるかたちで本当のことを伝えていかなければなりません。格好の武器としてインターネット、ＳＮＳ、フェイスブックやツイッターなどがあります。これで事実を伝えていくことです。先ほどマスコミの問題が出ましたが、メディアを通じて権力は事実を隠そうとする、あるいは偽情報を流そうとしますが、いまはインターネットがありますから長続きしません。すぐに「それは違うよ」とバレてしまいます。隠そうとしても情報の隠蔽は難しい。

国民の知る権利を具体化していく上で、こういった手段を活用していくことは非常に重要だと思います。文書も日報もパソコンでつくりますから、データとして残ります。新しい技術的条件が、一面では情報隠蔽や偽情報を流すために使われますが、他面ではそれを覆して事実、真実を明らかにしていく役割を果たしています。これらを武器として活用することは、今後ますます重要になっていくのではないでしょうか。

■権力を監視する、萎縮せずどんどんモノを言う、悪法廃止に向け政権交代をめざす

細川　共謀罪が成立し、7月には施行されます。共謀罪が通ったもとでいかに運動を展開していくのか。戦争法は重大な問題ですが、それに比べても共謀罪は日常生活に関わってくる問題です。今後、共謀罪の廃止を求めてどのように運動していくのか、重要と思われる点をお聞かせください。

五十嵐　共謀罪の審議では曖昧で明確な答弁がなされませんでした。何を考え、何をしたら捕まるのかよく分からない。これは意図的に曖昧にした面もあると、私は考えています。つまり、拡大適用できるようにするためです。

それをまず抑えることです。拡大適用して個人や団体、運動などを取り締まるために使われないように、あるいは国民を監視して萎縮させないようにすることです。権力によって監視されるのではなく、権力を監視することがこれからの第一の課題です。

第二はモノ言えない社会をつくらないということです。そのために私たちはどんどんモノを言っていかないといけない。萎縮させようとしている相手に対して、萎縮していては話になりません。どんどんモノを言うことでモノを言えない社会づくりに風穴を開けていく。市民運動を取り締まろうとする動きに対しては、逆に運動を活性化し活発化することで反撃する。

三つめはこのような誤った法律は廃止する必要があります。廃止できるような議会構成をつくらなければなりません。究極的には政権交代です。これは戦争法廃止という点でもそうです。特定秘密保護法、戦争法、そして今回の共謀罪など、安倍暴走政治、逆走政治によって制定されてきた悪法が多くあります。昔の日本を取り戻すような悪法をなくせるような新しい政府をつくることが、これからの課題だと考えています。次の総選挙で与党を敗北させ政権交代を実現することが必要です。

細川　いまのお話を伺っていて3点目はすんなり思っていましたが、法の拡大適用を許さない、運動をもっと活発化させていく点について言えば、すごく頭が整理された気がします。それがないと、確かにどんどん押し込まれてしまいます。

五十嵐　萎縮させようと思っているのにこちらが自主規制すれば、安倍首相の思うつぼです。自主的な運動を活発化させることが相手の思惑、意図を打ち砕くことになります。恐れずに発言し行動していきましょう。

細川　今号は大学特集ということで、学生とその親世代に対するメッセージを兼ねて、ひとことおっしゃってください。

五十嵐　未来に生きる若者こそが、いまの政治の在り方に対してもっとも発言しなければなりません。この政治が生み出す結果に対して大きく制約され、未来が左右されるのはまさにいまの若者たちです。当たり前の働き方をして当たり前の生活が普通に送れるような社会ではなくなってきていますから、これをもとに戻すこと、自由で民主的で平和な社会をめざすことです。

あの廃墟となり荒廃した戦争直後の時期から、これほどの経済大国と言われるところまで再建してきたわけですから、これをきちんと次の世代に手渡していくことが必要です。そういった自由、民主主義、平和を子どもたちや孫たちも享受できるように守り次の世代に伝えていく、手渡していくことが、いまを生きる人たちの責任ではないでしょうか。

振り返ってみると、現在の「団塊の世代」と言われる人々は日本の歴史のなかでもいちばん良い時期を過ごしてきたと言えます。まれにみる経済成長で豊かになり、今世紀に入った頃にはもう物質的な豊かさは達成された、あとは心の豊かさだとまで言われるようになりました。最近では、安倍首相の逆行で徐々に失われてきていますが、これをストップさせて次の世代に引き継いでいく責任があると思います。

そうでなければ「食い逃げした」と言われますよ。「ご馳走」を食い逃げしてはいけない。次の世代にも味わってもらわないと。そのためにいま闘うことは、私を含めていちばん良い時代を生きてきた人間の責任じゃないかと思います。

細川　きょうは、ありがとうございました。

あとがき

「戦争が廊下の奥に立ってゐた」

これはよく知られている俳句です。京都大学俳句会で活躍していた渡辺白泉という学生が1939（昭和14）年に詠んだものです。

アジア太平洋戦争の開戦は1941年ですから、その2年前になります。戦争へと向かう当時の社会に漂っていた不気味な気配と違和感を表現した名句でした。

白泉はとくに政治に強い関心を持っていたわけではなく、いわゆる「左翼学生」でもありません。戦争を嫌い、平和と文学を好む普通の学生だったといいます。

しかし、特高警察はこの俳句にまで目をつけ、反戦思想を抱いているとして治安維持法違反の嫌疑で投獄しました。仲間の学生も俳句を作れないほどの弾圧を受けたそうです。

こうして、日本は戦争へと突入していきました。「廊下の奥に立ってゐた」戦争は、茶の間にまで踏み込んできて国民の生活を滅茶苦茶にしてしまったのです。

翻って、今の日本はどうでしょうか。「戦争が官邸の椅子に座っている」と言っても良いような状況が生まれつつあるのではないでしょうか。

平昌五輪を契機にして南北対話が始まり、戦争の危機が回避されたように見えますが、安倍首相は対話よりも圧力の強化という異常な立場を取り続けました。朝鮮半島の危機を利用して政権基盤の強化を図り、改憲などの政治目的を達成しようとしている安倍首相にとって、そこでの緊張緩和が進みすぎては困るからです。

南北首脳会談に続いて、史上初の米朝首脳会談も実現することになりました。しかし、安倍首相は「カヤの外」に置かれ、これらの対話実現に向けて日本が能動的で積極的な役割を果たすことはありませんでした。

第2次安倍政権が発足して以来、「積極的平和主義」という軍事力優位の軍事大国化路線を掲げ、特定秘密保護法や安保法制、共謀罪法の制定を図り、国家安全保障会議や国家安全保障局などを設置し、自衛隊の敵基地攻撃能力を高めて専守防衛政策をなし崩しに変え、愛国心教育の強化やマスコミへの懐柔と統制によって若者と国民の意識を反戦や非戦から好戦へと転換しようとしてきたのが安倍首相です。まさに、戦争が背広を着て首相官邸の椅子に座っている姿をほうふつとさせるような光景ではありませんか。

このような軍事大国化路線の総仕上げとして提起されているのが、9条改憲に向けての動きです。安倍首相が政権に復帰して以来、着々と進められてきた「戦争できる国」づくりに向けての一連の流れと戦争政策の構造全体に位置付けることによって、安倍9条改憲構想の狙いと危険性を正しく認識しなければなりません。

軍隊のない国をつくり出し国民の福祉と教育を充実させている「コスタリカの奇跡」が注目

されています。それとともに注目されるべきは「日本の奇跡」ではないでしょうか。私たち日本人は、自らが成し遂げてきたこの偉業に、あまりにも無自覚でありすぎるように思われます。

戦後の日本はアジア太平洋戦争による惨禍と荒廃のなかから立ち上がり、平和憲法の下で軽武装国家を選択し、「平和の配当」によって国富を軍事ではなく経済や産業、国民生活に投じて高度経済成長をなしとげ、先進国の仲間入りを果たすことに成功しました。同時に、先進的な経済大国で自衛隊を持ちながらも、殺し殺されることなく「平和国家」としての実績を残してきました。

このような戦後日本の歩みは世界でもまれな「日本の奇跡」であり、誇るべき業績だったのではないでしょうか。安倍9条改憲の罪科と危険性は、このような「日本の奇跡」を葬り去り、無きものにしようとするところにあります。

普通の学生が「戦争が廊下の奥に立ってゐた」と詠んだような社会の不気味さと違和感は、今の日本においても次第に強まりつつあるように思われます。それは「戦争が官邸の椅子に座っている」と言わざるを得ないような安倍首相の好戦的政策によって、ますます強められようとしています。

その核心をなすものとして打ち出されているのが、9条改憲に向けての提案です。その本質は戦争か平和かを問う、未来に向けての選択にほかならないということを、今こそかみしめる必要があるのではないでしょうか。

あとがき

本書の元になったのは、以下のような論攷です。一応、対応する章などを挙げておきます。とはいえ、大幅に組み替えたり、加筆・修正したり、語尾などを変えたりしており、原形をとどめていない部分もあることをお断りしておきます。

序章　混乱のるつぼの中から沸き上がった希望と展望（日本科学者会議『東京支部つうしん』）
第1章　総選挙結果の分析と今後のたたかい（『月刊全労連』2018年2月号）
第2章　総選挙を教訓に市民と立憲野党の共闘の深化を（『法と民主主義』17年11月号）
第3章　総選挙の結果と安倍9条改憲をめぐる新たな攻防（月刊『憲法運動』17年12月号）
第4章　「『政治の劣化』『行政の劣化』とは何か―どこに問題があるのか、どうすべきか」（『法と民主主義』No・520、17年7月号）、「共謀罪、『森友』『加計』学園疑惑国会の総括と今後の課題」（『学習の友』No・768、17年8月号）
第5章　「安全保障法制・憲法改正・外交・基地問題」（『大原社会問題研究所雑誌』No・700、2017年2月号）
インタビュー　「いま闘うことは、いちばん良い時代を生きてきた人間の責任」（『ねっとわーく京都』No・343、2017年8月号）

本書の編集・刊行に際しては、これまでの2冊と同様、学習の友社のみなさんのお世話になりました。ここに記して謝意を表する次第です。ありがとうございました。

【著者略歴】
五十嵐　仁（いがらし・じん）

法政大学名誉教授、大原社会問題研究所名誉研究員、全国革新懇・東京革新懇代表世話人、労働者教育協会理事

1951年生まれ、新潟県出身
1974年東京都立大学卒業。法政大学大学院、大原社会問題研究所研究員、教授、副所長を経て、2008年から12年まで所長。14年3月に法政大学退職。この間、2000～01年に米ハーバード大学ライシャワー日本研究所客員研究員。専門分野は、労働政治、労働問題、政治学、戦後政治史、選挙制度。

【主要著作】

『一目でわかる小選挙区比例代表並立制』（労働旬報社、1993年）
『政党政治と労働組合運動』（御茶の水書房、1998年）
『概説　現代政治―その動態と理論〔第3版〕』（法律文化社、1999年）
『日本20世紀館』（共編著、小学館、1999年）
『戦後政治の実像―舞台裏で何が決められたのか』（小学館、2003年）
『現代日本政治―「知力革命」の時代』（八朔社、2004年）
『この目で見てきた世界のレイバー・アーカイブス』（法律文化社、2004年）
『活憲―「特上の国」づくりをめざして』（山吹書店・績文堂、2005年）
『労働再規制―反転の構図を読みとく』（ちくま新書、2008年）
『労働政策』（日本経済評論社、2008年）
『社会労働大事典』（共編著、旬報社、2011年）
『日本の雇用があぶない』（共編著、旬報社、2014年）
『対決　安倍政権―暴走阻止のために』（学習の友社、2015年）
『18歳から考える日本の政治〔第2版〕』（法律文化社、2016年）
『活路は共闘にあり―社会運動の力と「勝利の方程式」』（学習の友社、2017年）

個人ブログ「五十嵐仁の転成仁語」http：//igajin.blog.so-net.ne.jp/ を発信

打倒安倍政権―9条改憲阻止のために

発行　2018年 4 月 18日　初　版　　　定価はカバーに表示

著　者　　五十嵐　仁

発行所　　学習の友社
〒113-0034　東京都文京区湯島2-4-4
TEL 03（5842）5641　FAX 03（5842）5645
振替　00100-6-179157
印刷所　（株）教文堂

ISBN978-4-7617-0709-5